Le fils du serpent

Airy Routier

Le fils du serpent

Vie et mort du banquier Stern

Albin Michel

« Celui qui donne et qui reprend,
c'est le fils du serpent. »

Proverbe turc

Avertissement

Tout crime de sang est aussi un viol, en ceci qu'il met à nu la victime, éclaire ses défauts, parfois ses vices, alors même qu'elle n'a plus aucun moyen de s'expliquer, de se défendre, de plaider sa cause. C'est vrai pour les célébrités, comme pour les inconnus. Edouard Stern, qui cloisonnait scrupuleusement les différents pans de son existence et fuyait les médias, était à la fois l'un et l'autre : un célèbre inconnu. Un homme de pouvoir et d'argent, dominateur et sûr de lui, maître de sa vie. Telle est du moins l'image qu'il voulait donner. Cette image a volé en éclats le 1er mars 2005.

L'éternel attaquant est désormais sans défense. Ce qui devrait obliger tout observateur à faire preuve, vis-à-vis de lui, de plus d'indulgence et d'empathie qu'il n'en aurait peut-être mérité de son vivant. Mais les conditions de sa mort et l'histoire de sa vie sont si mystérieuses, si dérangeantes, si romanesques, qu'elles méritent absolument, à mes yeux, d'être fouillées, révélées, éclairées.

C'est au milieu de ces contradictions que j'ai finalement décidé de rédiger ce livre. Depuis des années, je suivais le parcours tumultueux d'Edouard Stern dans

9

le monde des affaires, où il ne laissait personne indifférent. Le drame de son assassinat donnait soudain un
relief particulier à sa vie officielle. Sa vie explique-
t-elle sa mort ? D'où venait sa force étrange, plus souvent négative que positive ? Pourquoi voulait-il toujours en découdre, en toute occasion, au risque de
gagner mais aussi de perdre ? Quelles blessures intimes tentait-il de sublimer ?

Chapitre 1

Dans une combinaison de latex

Jamais Dolorès n'aurait pu imaginer qu'elle perdrait son emploi dans de telles circonstances. Son patron était gentil et sans histoire. Femme de ménage, elle passait deux heures, tous les jours de la semaine, depuis deux ans, à nettoyer le domicile et à s'occuper de l'intendance d'un Français célibataire installé à Genève, comme il y en a tant, émigrés pour des raisons fiscales. Elle connaissait ses habitudes, sa marque de yogourt préférée, qu'il voulait avoir toujours en réserve dans son réfrigérateur, ainsi qu'une corbeille de fruits pleine et constamment renouvelée. Il ne savait même pas se faire cuire un œuf et n'avait pas de cuisinière. Elle lavait son linge, passait l'aspirateur, rangeait ses affaires. Pour les ampoules à changer et tous les menus travaux, il faisait appel à son mari. Avec lui, comme avec elle, Edouard Stern était un homme charmant. Parfois taciturne, parfois enjoué mais toujours aimable. A l'automne 2004, elle avait dû se rendre au Portugal auprès de son père malade. Il lui avait dit de prendre son temps et lui avait assuré qu'en son absence il n'embaucherait pas une autre femme de ménage.

Il y avait bien un placard, toujours fermé, dont elle

11

ne détenait pas la clé ainsi qu'un coffre dont elle ignorait la combinaison. Normal pour un homme d'affaires actif, dont les bureaux sont situés dans un immeuble contigu du centre de Genève, au même étage, mais accessibles par une autre entrée, dans une rue adjacente. Pour passer de l'appartement au bureau, il faut descendre dans la rue et faire le tour du pâté de maisons, ou bien passer par le parking, qui est commun.

Son patron était très préoccupé par sa sécurité. De ce point de vue, l'immeuble du 17 de la rue Adrien-Lachenal, aux Eaux-Vives, dans le quartier cossu de Rives, offre toutes les garanties possibles. Le rez-de-chaussée est en effet occupé par un poste de police ouvert 24 heures sur 24, vers lequel convergent tous les appels pour signaler les incidents ou pour mettre en garde contre les personnes au comportement inhabituel. Appeler la police, pour un papier gras jeté en dehors d'une corbeille, pour tout et pour rien, est une pratique généralisée à Genève comme ailleurs en Suisse, un pays où tous les fonctionnaires en uniforme, y compris les facteurs, sont susceptibles de vous faire signe pour vous arrêter et vous faire la morale, en cas d'excès de vitesse...

L'immeuble appartient à Edouard Stern. Il l'a acheté cash 10 millions de francs suisses (6,5 millions d'euros) en 2000 et s'est occupé lui-même d'en renforcer la sécurité. Il est parfaitement protégé avec une batterie de caméras de vidéosurveillance dans l'entrée comme dans le parking. Quant à l'appartement de cinq pièces, avec terrasse, au cinquième étage, où vit l'homme d'affaires, il est également protégé par un système d'alarme sophistiqué. Stern l'avait mise en garde : elle devait soigneusement conserver ses clés et ne les confier à personne, sous aucun prétexte. Bref, rue Adrien-Lachenal, il ne pouvait rien lui arriver. Sécurité supplémentaire, aux yeux de l'employée de maison : les trois revolvers que son patron gardait à portée de main, dans un tiroir.

Dolorès ne s'inquiète donc pas lorsqu'elle reçoit un coup de fil, le mardi 1er mars 2005, à 13 h 15. Au bout du fil, une voix qu'elle ne connaît pas, celle d'Alain Andrey, qui se présente comme l'un des collaborateurs de son patron :

– Edouard Stern n'est pas venu à son bureau ce matin, alors qu'il avait des rendez-vous importants. Il ne nous a pas prévenus. Savez-vous où il est ?

– Non. Je ne sais pas. Hier, tout était normal. Il ne m'a rien dit. Je ne l'ai pas vu. Je ne dois prendre mon service que cet après-midi.

– Avez-vous ses clés ?

– Bien sûr, mais je ne dois les confier à personne.

– Je comprends. Mais nous sommes inquiets. Il est injoignable, y compris sur son portable, depuis hier soir. Pouvons-nous nous retrouver au pied de son immeuble, aussitôt que possible ?

Dolorès surmonte ses préventions. L'inquiétude de son interlocuteur lui paraît réelle. La présence du poste de police est rassurante. Il ne peut s'agir d'un coup fourré pour entrer dans l'appartement de Stern en son absence :

– D'accord. Je serai là-bas dans une dizaine de minutes.

– On vous attend.

Lorsqu'elle arrive, l'employée de maison est attendue par Alain Andrey et deux autres collaborateurs. L'entrée de l'immeuble moderne est glaciale et lumineuse. Pas un mot n'est échangé dans l'ascenseur, jusqu'au cinquième étage. On sonne à la porte. Pas de réponse. Dolorès ouvre et constate qu'il n'est pas nécessaire de débrancher l'alarme :

– Le système n'est pas enclenché. M. Stern doit être là.

– C'est curieux, répond un collaborateur. Pourquoi ne répond-il pas ?

– Oui, c'est bizarre.

Dolorès est prise d'un mauvais pressentiment. Une odeur douceâtre flotte dans l'appartement. Celui-ci n'est pas en désordre. Tout le monde se précipite vers la chambre à coucher. Devant la porte, une paire de Converse et des vêtements épars. Alors qu'elle s'apprête à entrer, deux collaborateurs passent devant elle, tandis que le troisième la retient. Ils ressortent presque aussitôt, blancs comme des linges. Alors qu'elle s'engage sur le seuil, ils la retiennent :

– C'est épouvantable !

– Que lui est-il arrivé ?

– Il vaut mieux que vous n'entriez pas dans cette chambre. Personne ne doit entrer.

– Il est mort ?

– Oui. C'est un assassinat. Il faut que vous alliez immédiatement prévenir la police, en bas. Nous attendons ici.

Bouleversée, Dolorès se précipite au poste de police, au pied de l'immeuble. Elle interrompt le fonctionnaire de permanence :

– M. Stern est mort. Il a été assassiné. Il faut que vous montiez tout de suite au cinquième étage.

Les policiers connaissaient bien Edouard Stern, le propriétaire des murs de leur commissariat, comme de tout l'immeuble. Deux d'entre eux montent immédiatement sur les lieux, tandis que d'autres appellent le procureur et la brigade criminelle, déjà prévenue par les collaborateurs de la victime.

A 14 h 30, des dizaines de policiers de la brigade criminelle, y compris ceux de l'identité judiciaire, accompagnés d'un magistrat, affluent dans l'appartement. Ce qu'ils découvrent est hallucinant : un cadavre de près de deux mètres gît, recroquevillé au pied du lit, baignant dans son sang. Il est nu, engoncé dans une simple combinaison en latex d'une seule pièce, légèrement transparente. Le corps, ligoté, est équipé d'un baudrier, accessoire d'alpiniste que l'on passe autour de la taille pour s'encorder ou se suspendre. Une corde se trouve à ses côtés, ainsi qu'un fouet et des accessoires sexuels. La combinaison est percée de neuf trous dont quatre à cause des balles qui l'ont transpercée : deux dans le visage, rendu méconnaissable, une dans le ventre, une autre à la hauteur du cœur.

Incroyable découverte. Edouard Stern était si puissant, en apparence ! Il faisait peur à ceux qui se mettaient en travers de son chemin ou qui, tout simplement, l'indisposaient. Comment l'imaginer assassiné dans une combinaison en latex de couleur chair ! C'est le point de départ d'un crime hors du commun et d'une enquête qui ne le sera pas moins. Car la victime n'est pas un homme d'affaires de second rang, un simple évadé fiscal ou un patron anonyme : longtemps gendre de Michel David-Weill, le flamboyant et richissime patron de la toute-puissante banque Lazard, lui-même fils de la plus ancienne lignée de banquiers européens, connu du tout-Paris et du tout-New York, sinon du tout-

Genève, Edouard Stern était surtout un homme qui n'a cessé, pendant les cinquante ans de son existence, de vouloir briser toutes les chaînes, à commencer par les siennes.

Chapitre 2

Secret suisse

Tandis que le procureur général de Genève, Daniel Zappelli, décide de soutenir lui-même l'accusation, un juge d'instruction est aussitôt désigné : Michel-Alexandre Graber. Ce choix n'est pas innocent. En Suisse, les juges sont élus. Cette procédure est un peu artificielle car il n'y a généralement qu'un seul candidat pour chaque poste, la répartition s'effectuant en amont : chaque parti se distribue les places à la proportionnelle. Vice-président du collège des juges d'instruction du canton de Genève, visage sévère, cheveux courts, lunettes cerclées et bouche tombante, Graber est le leader des six juges élus sur une liste de droite, celle du parti de l'Entente, coalition du parti démocrate-chrétien, du parti libéral et de l'UDC, face à neuf juges classés à gauche. Dans des affaires comme Elf ou l'Angolagate (ventes d'armes en Angola) qui ont mis en scène des hommes controversés comme Loïk Le Floch-Prigent, Alfred Sirven ou Pierre Falcone, les Suisses n'avaient pas hésité à faire appel au juge Daniel Devaux, élu sur la liste communiste. Que des seconds couteaux français puissent être épinglés par un juge rouge et vindicatif, passe encore. Mais ici, l'affaire est a priori trop lourde, trop sulfureuse et susceptible de mouiller des gens véritablement haut placés, en Suisse comme en France, pour prendre le risque de la confier à un juge hostile au capital, aux banques et aux banquiers. De plus, et c'est sans doute le plus important, Michel-Alexandre Graber est unanimement considéré comme un juge modéré et discret, dont la compétence et l'efficacité sont reconnues.

La première décision du juge d'instruction va être de verrouiller toute l'information, en vertu d'une mesure de « suspension absolue », prévue dans le code pénal suisse. Elle signifie que ni les parties civiles, ni les avocats de la défense, ni a fortiori la presse n'ont accès au dossier d'instruction. Bien que rarement utilisée, c'est une mesure utile, dès lors qu'elle permet aux enquêteurs de chercher des indices, de procéder à des écoutes, de recueillir des témoignages sans que les suspects soient alertés de quelque manière que ce soit, en particulier par la presse, via les avocats – ou parfois par certains policiers ou magistrats. Une telle mesure n'existe pas en France où les juges bricolent pour garder une longueur d'avance : ils tardent souvent à faire figurer les pièces essentielles au dossier d'instruction et ne transmettent celui-ci qu'avec retard aux avocats[1]. Mais cette interdiction absolue d'accès des avocats au dossier, telle qu'elle est pratiquée en Suisse, est en même temps attentatoire aux droits de la défense. C'est pourquoi le juge d'instruction doit l'officialiser par un acte, « pour les besoins de l'enquête », et il lui revient de la prolonger à intervalles réguliers.

---

1. Cette mesure provisoire de secret absolu évite à tout le moins aux avocats d'être inquiétés voire incarcérés, comme en France, en vertu des lois Perben 2, pour avoir diffusé, « directement ou indirectement », des informations « qui sont de nature à entraver le déroulement des investigations ».

Aussitôt désigné, Michel-Alexandre Graber décrète donc la suspension absolue « pour les besoins de l'enquête ». Il s'agit d'identifier le ou les meurtriers, de comprendre leurs mobiles et d'accumuler des preuves pour les confondre. On s'en rendra compte par la suite, ce black-out a été utile pour l'efficacité d'une enquête menée de main de maître. Mais, dans l'esprit du juge, sans doute y avait-il d'autres bonnes raisons de jeter un voile obscur sur le dossier.

L'annonce de la mort de Stern s'est répandue immédiatement dans le monde entier, provoquant un véritable choc. Compte tenu des conditions terribles de cet assassinat, il faut d'abord tenter de préserver, autant que faire se peut, la réputation d'un homme célèbre – en tout cas dans les milieux de la haute finance internationale. Un homme dont l'ex-femme et les enfants appartiennent à la famille David-Weill, l'une des plus influentes du monde. Protéger aussi tous ceux qui ont été en conflit brutal, à un moment ou à un autre, avec ce banquier hors norme, d'une violence inouïe en affaires. Innombrables sont ceux qu'il a dépouillés et surtout humiliés, parfois publiquement. Nombreux sont ceux qui pourraient avoir de bonnes raisons de vouloir en finir avec lui et qui pourraient ainsi être soupçonnés à tort.

Etant donné la tenue dans laquelle a été retrouvée la victime, le scénario privilégié au départ est évidemment celui d'un crime passionnel et sexuel. Il nourrit parfaitement le poncif selon lequel, dans le rapport sadomasochiste, les esclaves hommes sont souvent des personnes de haut niveau social et à activités stressantes qui recherchent la soumission auprès de dominatrices pour se décharger de leurs responsabilités, dans une sorte de catharsis libératrice. Mais beaucoup d'autres pistes méritent d'être suivies. Ne serait-ce que parce que chacun sait que les adeptes de parties sado-masochistes finissent rarement avec deux balles en pleine tête : leurs jeux sont généralement plus sophistiqués. Et plus progressifs. Surtout, la réputation d'Edouard Stern est telle que les pires scénarios sont tout de suite envisagés. Alors, vengeance passionnelle ou contrat exécuté par une personne – femme ou homme – manipulée ? Mais manipulé par qui ? Par des mafieux ou par Edouard Stern lui-même, dans une manière de suicide par procuration bien dans la nature de cet imprévisible personnage de roman ?

Toutes les hypothèses circulent dès le lendemain du crime. En dépit des circonstances, la plupart tournent autour des affaires financières d'Edouard Stern. La fouille approfondie de son appartement et de son bureau, y compris de ses coffres, à quoi s'ajouteront les témoignages recueillis par le juge, aura pour effet d'entrouvrir des portes habituellement fermées à double tour, pensent les journalistes mais aussi le monde feutré du *big business*. D'où le climat de grande fébrilité. « Les affaires d'Edouard Stern croisent celles de trois dossiers extrêmement sensibles », écrit la *Tribune de Genève*, qui propose quelques pistes. A commencer par le contentieux avec le groupe français Rhodia : « Après avoir perdu beaucoup d'argent, Edouard Stern s'est retourné contre ses dirigeants parmi lesquels l'actuel ministre de l'Economie et des Finances, Thierry Breton. Mais il y a peut-être plus sensible encore. Plusieurs témoignages attestent des liens de Stern avec Elf. On connaissait les rapports d'amitié qu'entretenait ce dernier avec l'ancien P-DG du groupe pétrolier, Philippe Jaffré. Ses activités de banquier et d'"expert de l'optimisation fiscale" l'ont vraisemblablement conduit à travailler avec la filiale suisse d'Elf. Une boîte de Pandore que personne ne souhaite rouvrir. »

Les journaux suisses évoquent aussi des liens avec des oligarques russes. Officiellement, il ne s'agit que de simples investissements dans l'immobilier, datant de plusieurs années, mais certains affirment que Stern aurait rompu tout contact avec les Russes depuis plus de trois ans. On évoque le général Lebed, candidat à l'élection présidentielle russe, mort dans un étrange accident d'hélicoptère : tout le monde sait qu'Edouard Stern avait entretenu des relations étroites, mais mystérieuses, avec lui.

« Y a-t-il d'autres liens avec la Russie ? demande la *Tribune de Genève*. La réponse est oui. Parmi les collaborateurs et partenaires d'Edouard Stern, on trouve d'anciens cadres de Valmet SA. » Cette société genevoise gérait autrefois les fonds de la holding financière russe Menatep, dont le nom a été cité en marge du naufrage du groupe pétrolier Ioukos. Un retentissant scandale financier qui a valu à Mikhaïl Khodorkovski, l'ennemi juré de Poutine, de se retrouver sous les verrous.

Menatep, Khodorkovski, Lebed, les oligarques russes : dans la paisible Genève, les gros mots sont lâchés. Aussi le secret absolu décidé par le juge a-t-il un autre objectif : protéger la réputation de la place financière de Genève. La Suisse a fait beaucoup d'efforts, depuis une dizaine d'années, pour briser son image de paradis des gredins, limitant le secret bancaire aux seuls délits d'évasion fiscale commis à l'étranger, et s'obligeant, en cas d'infraction pénale ou de blanchiment, à coopérer avec les justices étrangères – ce qui explique d'ailleurs pourquoi plusieurs grandes affaires financières ont pu être révélées en plein jour. Et voilà qu'un crime comme celui de la rue Adrien-Lachenal porte en lui le risque de voir mises à plat un ensemble de pratiques occultes, d'opérations illicites sur lesquelles les autorités de la Confédération ferment les yeux. Notamment sur l'argent russe qui coule à flots et vient remplir les coffres des banques si nombreuses et si prospères, au bout du lac Léman.

Mais la Confédération helvétique n'est pas la seule à s'inquiéter des révélations possibles de l'enquête sur le meurtre d'Edouard Stern. A Paris, dès l'après-midi du 1er mars et les jours suivants, souffle un vent de panique. Président de l'UMP, Nicolas Sarkozy appelle directement le juge Graber et le procureur Zappelli, à plusieurs reprises, pour tenter d'en savoir plus. Tous les deux de la même génération, Stern et Sarkozy se connaissaient bien. Ils étaient même devenus amis. Le président de l'UMP n'a pas oublié que fin 1999, ils étaient l'un comme l'autre au creux de la vague : Sarkozy était rejeté par toute la classe politique, après son échec aux élections européennes dont il conduisait la liste, le 13 juin précédent ; et Stern venait de se faire chasser de la banque Lazard par son propre beau-père ! Au cours d'un dîner qui les réunissait, au milieu d'autres convives, au domicile de Lindsay Owen-Jones, patron de L'Oréal, celui-ci les avait interpellés pour leur remonter le moral : « Vous êtes tous les deux des types de grande valeur, vous avez un vrai potentiel, je suis absolument sûr que vous reviendrez sur le devant de la scène. Et que vous serez alors beaucoup plus forts. Vous serez les leaders de la politique et des affaires de demain. » La prédiction était juste pour Sarkozy, mais pas pour Stern, qui n'est jamais revenu sous les feux de la rampe, sauf pour le pire.

Ces relations entre les deux hommes ne pouvaient pas rester secrètes. « Stern était un ami de Nicolas Sarkozy », écrit la *Tribune de Genève*. Est-ce le début d'une cabale, nourrie par les ennemis politiques du patron de l'UMP ? En particulier aux plus hauts niveaux au ministère de l'Intérieur ? Sarkozy connaît la musique. Il sait que son chemin vers la présidentielle est semé d'embûches et de provocations. Inquiet des rumeurs, qu'il imagine relayées par ses rivaux, sur le type de relation qu'il entretenait avec Edouard Stern, Nicolas Sarkozy a tenu à mettre immédiatement les choses au point. « Nicolas Sarkozy est affecté par la mort de M. Stern et est en contact avec sa famille », annonce son porte-parole Franck Louvrier. Pour couper l'herbe sous le pied de tous ceux qui chercheraient à aller plus loin, il reconnaît d'emblée que les deux hommes « se connaissaient depuis pas mal d'années ». C'est un communiqué a minima, car Sarkozy et Stern étaient des amis, au point qu'ils ont passé à plusieurs reprises des vacances ensemble.

Nommé depuis moins d'une semaine à la tête du ministère des Finances en remplacement d'Hervé Gaymard, Thierry Breton active de son côté tous ses réseaux pour tenter de savoir si ce meurtre peut avoir un rapport avec la plainte déposée par Stern contre lui, alors qu'il était administrateur de la société Rhodia. A gauche aussi, plusieurs leaders, parmi lesquels Laurent Fabius et Dominique Strauss-Kahn, qui ont fréquenté le banquier, cherchent par tous les moyens à savoir ce qu'il en est.

A Paris, on s'étonne qu'aucune demande d'entraide judiciaire n'ait été formulée par la Suisse pour enquêter de ce côté-ci de la frontière. Le procureur Daniel

Zappelli répond que cette demande viendra en son temps, lorsqu'un certain nombre d'investigations auront été réalisées en Suisse. Tandis que la justice et la police françaises cherchent, en vain, à entrer dans le dossier, par la voie officielle ou en activant le réseau d'amitiés personnelles tissées au fil des ans, les services de renseignement français sont mis à contribution. Ils enquêtent discrètement en France et en Suisse, en particulier sur toutes les affaires anciennes dans lesquelles Edouard Stern est intervenu. S'inquiètent aussi tous ceux qui, en France, ont monté des coups financiers à la limite de la légalité – et parfois au-delà – avec lui, tous ceux qui ont participé aux agapes sexuelles de l'homme d'affaires à la vie si cloisonnée, tous ceux qui ont partagé avec lui des filles tarifées et ceux qui les leur ont fournies.

Bref, l'assassinat d'Edouard Stern a fait l'effet d'un coup de pied dans la fourmilière. Dans un monde souterrain dont personne ne parle jamais : celui de la vie privée de certains des acteurs du monde de la politique, de l'industrie et de la haute finance. Des vies privées qui contrastent singulièrement avec l'image lisse qu'affichent ces hommes de pouvoir. Des vies qui n'apparaissent jamais dans la presse people. Tout ce qui compte en France attend avec curiosité ou inquiétude, en tout cas avec impatience, ce que la police genevoise va découvrir sur le meurtre du banquier. Mais le juge a donné des consignes extrêmement sévères aux policiers et aux enquêteurs. « Nous sommes tous sur les dents, confie l'un d'entre eux : on ne marche pas sur des œufs mais sur des œufs de caille. »

Chapitre 3

A la synagogue

Edouard Stern était un angoissé. La mort le hantait. Il se sentait menacé. Il en plaisantait souvent avec ses collaborateurs, à Genève. La phrase revenait comme un leitmotiv : « Si mon jet se casse la gueule, il faudra... » Il n'empêche qu'il avait rédigé un testament et désigné un exécuteur testamentaire : Kristen Van Riel, président de la branche française de son fonds d'investissement IRR. Et parrain de son fils Henry. On peut dessiner en creux le portrait d'un personnage en fonction des personnalités qui l'entourent. Celle de Kristen Van Riel, sorte d'Oscar Wilde, tout en violence contenue, est particulièrement étrange. Sa culture historique est impressionnante. Mais il a longtemps été aussi brillant que méfiant et intolérant. Blond, grand, mince, apprêté, raffiné, esthète, passionné d'art moderne, comme par les garçons en général et par Edouard Stern en particulier, Kristen Van Riel a été directeur général de Sotheby's France, la firme britannique spécialisée dans les ventes aux enchères haut de gamme. Auparavant, il a été avocat. Tout Paris susurre depuis des lustres qu'il était l'amant d'Edouard Stern. A tort.

A son palmarès, un fait d'armes : sans lui, nul doute

qu'il n'y aurait jamais eu d'affaire Elf. Nommé en 1993 par Edouard Balladur à la présidence de la compagnie pétrolière nationale, Philippe Jaffré découvre qu'elle a soutenu la filiale américaine du groupe textile Bidermann. Or Maurice Bidermann est proche de son prédécesseur socialiste Loïk Le Floch-Prigent, qu'il exècre. Il demande conseil à Edouard Stern, alors associé-gérant de la banque Lazard. Celui-ci lui suggère de faire appel à son ami Kristen Van Riel, alors membre du cabinet d'avocats d'affaires Willkie Farr & Gallagher. L'avocat découvre ce qu'il pense être des irrégularités et pousse Jaffré à porter plainte au pénal, alors que la compagnie va être privatisée[1]. C'est une grande première. Traditionnellement, pour régler leurs différends, les grandes entreprises françaises avaient recours aux procédures d'arbitrages, nationales et internationales. Et lorsqu'on découvrait des malversations ou des indélicatesses commises par de hauts dirigeants, cela se soldait généralement par leur départ, parfois même assorti du versement de leurs indemnités. Le linge sale se lavait en famille. Tout devait être fait pour éviter qu'un juge d'instruction, par définition incontrôlable, ne vienne mettre le nez dans les affaires des patrons[2]. On sait ce qu'il est advenu de cette plainte : confiée à Eva Joly, elle a permis de mettre au jour un énorme scandale de détournement de fonds et de financement politique qui s'est terminé par un procès-fleuve,

---

1. Voir à ce sujet Airy Routier et Valérie Lecasble, *Forages en eau profonde, les secrets de l'affaire Elf*, Grasset, 1998.
2. C'était même alors une des conditions posées pour participer à l'Association française des entreprises privées (AFEP), influent club de patrons.

à grand spectacle. Mais entre-temps, ce tombereau de linge sale avait entraîné la disparition d'Elf, absorbé par Total. Battu, chassé, Philippe Jaffré a été la victime de la tempête qu'il avait lui-même déclenchée ! Son mauvais génie avait été Kristen Van Riel. Les deux hommes s'étaient monté le bourrichon. Jaffré agissait pour le compte d'Edouard Balladur, tandis que Van Riel était agité par son propre subconscient. Je me rappelle l'avoir invité, à l'époque, dans un restaurant de la place de la Bourse, à Paris. A voir sa moue dégoûtée, il m'a vite fait comprendre que ce restaurant était trop bas de gamme pour lui. C'est vrai que la nourriture était infecte... Et puis soudain, alors que ce n'était pas le sujet, Van Riel, à la manière d'un Torquemada habité par la passion, s'est mis à vomir sur la gauche et sur ses dirigeants, sans exception. Adepte du « tous pourris », version beaux quartiers, Van Riel clouait au pilori François Mitterrand et tous ses proches, avec une mention particulière pour Jack Lang, dont il dénonçait à la fois la vénalité et l'hypocrisie, à propos de sa vie privée. En exigeant que je l'écrive dans *Le Nouvel Observateur* ! Bref, Kristen Van Riel m'a laissé ce jour-là le souvenir d'un type à ne revoir sous aucun prétexte. Mon jugement était ancien et sans doute hâtif, car Kristen Van Riel, depuis, s'est montré sous un meilleur jour. En particulier dans ces circonstances tragiques : solide, efficace et très attentif à la protection des enfants d'Edouard Stern.

Ce lundi 7 mars, à 18 h 30, c'est bien l'étrange et paradoxal Kristen Van Riel qui accueille tout le monde, fait office de chef du protocole et recueille les condoléances, lors de l'office religieux célébré à la mémoire d'Edouard Stern, à la synagogue de la rue

Chasseloup-Laubat, dans le 15ᵉ arrondissement de Paris, sous le métro aérien, en face de l'Unesco. Une synagogue liée à la famille : le marquis de Chasseloup l'avait fait construire après s'être marié à une ancêtre Stern. Curieuse histoire, curieuse cérémonie. Elle avait été annoncée dans le carnet du *Figaro*, au nom des trois enfants d'Edouard et de son ex-femme, dont il était divorcé. Le tout-Paris est venu en nombre, comme toujours lorsqu'il renifle l'odeur excitante du scandale et de l'inattendu. Hormis chez les proches du défunt, l'ambiance est plutôt à la curiosité qu'au recueillement. Chacun veut voir et être vu. Il flotte une atmosphère bizarre, tout le monde pense à la même chose, aux conditions du crime, alors que personne, évidemment, n'en parle. En aparté, certains émettent des hypothèses sur les assassins possibles et sur leurs mobiles. Mais la plupart des participants se contentent de proférer des mondanités, comme pour évacuer la gêne. Y compris le rabbin Haïm Korsia, directeur de cabinet du grand rabbin Sitruk. Branché et plein d'avenir, le jeune rabbin accueille une éditrice, amie de la famille Stern, avec laquelle il était en contact :

– Ça y est ! j'ai l'idée d'un bouquin. Il faut écrire la vie du grand rabbin Kaplan.

– Peut-être vaudrait-il mieux qu'on en reparle demain, lui répond, un peu interloquée, l'éditrice.

– Ne t'inquiète pas, c'est moi qui officie, ça ne risque pas de commencer sans moi !

Le discours du rabbin Korsia, bien briefé par la famille, fut cependant de haute tenue, alors qu'il ne connaissait pratiquement pas Edouard Stern. C'est un métier que de faire l'éloge des morts, aussi étrange qu'ait été leur vie de lumière et d'ombre. Un métier bien maîtrisé par les clercs de toutes les religions.

Avec la séparation des hommes et des femmes, celles-ci étant cantonnées au balcon, cette cérémonie à la synagogue avait, en elle-même, quelque chose de saugrenu. Tout simplement parce que la plupart des participants, y compris le défunt, étaient catholiques ! En particulier sa mère, Christiane Laroche Stern, soixante-dix-neuf ans, qui a toujours été assidue à la messe, son ex-femme, Béatrice David-Weill, quarante-sept ans, et sa fille Mathilde, vingt ans, elle aussi baptisée et confirmée. Les trois femmes de sa vie – les officielles – assises côte à côte au premier rang du balcon, avec dignité et retenue. En bas, ses deux garçons.

Pourquoi Edouard Stern a-t-il éprouvé le besoin de se faire enterrer selon les rites juifs, alors qu'il était catholique, tout comme la plupart des membres de sa famille, de ses amis et de ses proches ? Et qu'il était totalement inconnu de la communauté juive de Genève ? Aux yeux de certains, cette démarche était motivée par la volonté, consciente ou non, de renouer les fils, rompus pendant quinze ans, avec un père absent, méprisé, longtemps détesté, mais qui n'avait, lui, jamais renié sa religion. Pour d'autres, plus sévères, ce retour aux traditions juives était tout simplement, de la part d'Edouard Stern, un pied de nez de plus adressé à un milieu très particulier, le sien, celui des grands bourgeois, juifs convertis de longue date, baptisés et pratiquants. Des familles converties par souci d'intégration, au siècle dernier ou à l'aube de celui-ci, avant même la montée du nazisme, dont certaines ont francisé leur nom, moins pour ne pas apparaître juives que pour ne pas passer pour des Allemands !

Edouard Stern a été élevé dans cette haute bourgeoisie, juive, parisienne et intégrée, convertie ou non
au catholicisme. Intégrée ? Pas toujours. Car dans ce
monde très hiérarchisé, très codé, au-delà des propos
convenus, il y a une véritable distance entre les catholiques ou les protestants de toujours et les juifs, même
convertis. « Dès qu'un Stern, un Heilbronn ou un
Goldschmidt avait le dos tourné, on entendait tout de
suite des réflexions parfois ouvertement antisémites,
venant d'amis proches », raconte un membre de ce
milieu, juif par sa mère, mais goy par son père et par
son patronyme et devant lequel on parlait très
librement.

C'est une donnée essentielle : en dépit de leur pouvoir et de leur argent, ces grandes familles françaises
d'origine juive ayant pignon sur rue depuis plusieurs
générations restent victimes d'un fond d'antisémitisme latent, profondément ancré dans la bourgeoise
française, affiché lors de l'affaire Dreyfus et qui leur a
explosé à la figure dans les années trente. Plusieurs de
ces grandes familles entretiennent, en même temps,
un complexe diffus vis-à-vis de leur propre communauté d'origine puisque beaucoup ont pu traverser la
guerre sans être massacrées. Grâce à leur niveau d'information plus élevé que la moyenne, à leur sens de
l'anticipation, à leurs contacts à l'étranger et à leurs
moyens financiers, nombre d'entre elles sont parve-
nues à fuir la France avant l'invasion nazie et y revenir
après guerre pour se réintégrer à la communauté
nationale.

Les rebelles, comme Edouard Stern, n'admettront
jamais cette volonté collective d'intégration et d'assi-
milation qu'ils perçoivent comme une forme de
lâcheté. Quelques semaines avant sa mort, il s'était

attardé au cocktail précédant le dîner annuel du Conseil représentatif des institutions juives de France (CRIF), au pavillon d'Ermenonville, où il s'était montré presque mondain, parlant chaleureusement à toutes ses relations.

Face à ceux qui auraient voulu effacer sa filiation juive, il réagira par la provocation. Provocation à l'égard de sa mère, elle-même née d'une mère juive (et donc elle-même juive, selon les critères de cette religion), mais qui, catholique pratiquante, a élevé ses enfants dans le respect de Jésus, de la Sainte Vierge et du pape [1] ; provocation à l'égard de son ex-femme, alors que ses enfants ont été baptisés et élevés dans la religion catholique, un sujet toujours délicat pour les couples qui y sont confrontés et qui revenait souvent dans leurs conversations alors qu'ils avaient divorcé. Ils gardaient cependant des relations très étroites tout en vivant séparés, elle et ses enfants aux Etats-Unis, lui à Genève.

Pour d'autres, enfin, plus indulgents, la fascination tardive d'Edouard Stern pour la culture – sinon pour la religion – juive procédait plutôt de l'esthétisme et de la curiosité intellectuelle. Maurice Lévy, le patron de Publicis, raconte ainsi que, « à la mort de son père, il avait commencé à se passionner pour les grands textes de l'histoire hébraïque ». Motivations intellectuelles et esthétiques, sans doute, mais pas seulement. En 1969, alors qu'il avait quatorze ans, Edouard Stern a fréquenté un moment l'école des études israélites

---

1. La mère de Christiane Laroche était née Bloch. Edouard fut heureux de découvrir dans les archives du Commissariat général aux questions juives que son grand-père, en 1940, avait déclaré avoir épousé une israélite.

orientales de la rue Lonoy – mais il est vrai qu'il a connu à peu près toutes les écoles privées de Paris. Et à son arrivée à Genève, trente ans plus tard, il fera poser dans son appartement des *mezouza*, ces cubes de verre que chacun touche en entrant dans la maison avant de baiser ses doigts, ce qui, selon la tradition juive, manifeste la protection de Dieu sur le logis et sur ceux qui y vivent.

A la synagogue de la rue Chasseloup-Laubat, quatre discours ont été prononcés, par quatre amis d'Edouard Stern : Charles-Henri Filippi, président du Crédit Commercial de France – rebaptisé HSBC-France après son rachat par la banque britannique Hong Kong & Shanghai Bank Company ; Lindsay Owen-Jones, parrain de l'un de ses enfants, président de L'Oréal, et depuis longtemps le patron le mieux payé de France [1] ; Hubert Védrine, ancien ministre des Affaires étrangères de la troisième cohabitation, Lionel Jospin étant à Matignon et Jacques Chirac à l'Elysée ; et enfin Charles Heilbronn, dont la mère avait épousé en premières noces un Wertheimer et qui, très lié à ses demi-frères, est intégré à cette famille qui possède la majorité de Chanel. Très naturellement, tous les quatre se sont adressés aux trois enfants d'Edouard Stern pour prononcer un panégyrique de leur père, qu'ils ont présenté comme un stratège et un visionnaire (ce qui est indéniable) et comme un homme formidable (ce qui est vrai, a fortiori si l'on prend ce mot au sens d'extraordinaire). Tous les quatre ont surtout mis en garde Mathilde, vingt ans, Louis, dix-huit

---

1. Hors stock-options, Owens-Jones a touché 6,6 millions d'euros de salaire en 2004.

ans, et Henry, quatorze ans, contre ce qu'ils peuvent voir à la télévision, entendre à la radio ou lire dans la presse en leur enjoignant, tout simplement, de ne rien croire de ce qui était montré, dit ou écrit sur leur père. Ils leur ont expliqué que les médias pratiquaient à grande échelle le mensonge et le dénigrement. Qu'ils devaient défendre la mémoire de leur père. Et être fiers de lui.

Hubert Védrine a raconté comment, au cours d'une croisière en Grèce, leur père était arrivé à convaincre, après de longues négociations, un ermite de venir les rejoindre sur leur bateau. Le pope était français et n'avait pas revu son pays natal, quitté au milieu des années soixante. Edouard Stern lui a alors fait un résumé fulgurant de ce qui s'était passé en France depuis quarante ans, avec un brio d'acteur et un esprit de synthèse qui ont sidéré ses amis, à commencer par l'homme de théâtre Stéphane Lissner, directeur du festival d'Aix-en-Provence et l'ancien ministre des Affaires étrangères. Chaque intervenant a ainsi raconté l'anecdote qui traduisait sa vision d'Edouard Stern, un homme qui « n'a jamais supporté la routine ou la médiocrité » et qui « recherchait l'absolu dans l'art, la littérature et dans l'intelligence ».

Les enfants ont entendu, la foule a écouté, certains ont prié pour l'âme tourmentée d'Edouard Stern, puis tout le monde s'est dispersé. Sauf le noyau dur des proches, qui s'est retrouvé dans le Marais, pour boire un pot chez Henri Weber, député socialiste européen, et Fabienne Servan-Schreiber, la demi-sœur de Stern. Toute la famille Stern est réunie : sa femme et ses enfants, ses oncles et ses cousins mais aussi ses anciens beaux-parents, Michel David-Weill et son épouse. Il y a bien entendu Charles Heilbronn,

Charles-Henri Filippi et Hubert Védrine. Ils sont rejoints par Nicolas et Cécilia Sarkozy, qui n'ont pu se libérer pour aller à la synagogue, mais tiennent, par leur présence, à témoigner de leur sympathie pour le défunt. Ce qui ne manque pas de panache, car le président de l'UMP, en apparence, a plus à perdre qu'à gagner à se montrer ici, en pareille compagnie. Mais Nicolas Sarkozy fait partie de ces rares hommes politiques qui assument leurs amitiés, surtout en pareilles circonstances[1]. Il s'est mis entièrement à la disposition de Béatrice, pour l'aider à surmonter les obstacles et à faciliter les douloureuses formalités.

Les vraies obsèques d'Edouard Stern ont lieu trois jours plus tard, le jeudi 10 mars, à 11 heures du matin, dans le cimetière juif de Veyrier, près de Genève, comme il l'avait stipulé dans son testament. Cette fois-ci, aucune annonce dans les journaux, ni en France ni en Suisse. La cérémonie se déroule dans une stricte intimité, en présence de sa femme, de ses trois enfants, de ses sœurs et d'amis, ainsi que de plusieurs représentants de la communauté israélite de Genève. Soit, tout de même, une soixantaine de personnes. A midi passé, une forte voix claire s'élève dans l'oratoire du cimetière, qui évoque « un homme au caractère ombrageux, frénétique et anticonventionnel ». Kristen Van Riel opine du chef : anticonventionnel, son ami Stern l'était assurément.

---

1. Rien à voir avec les « chers disparus », c'est-à-dire les prétendus amis de Stern qui se sont inscrits aux abonnés absents aussitôt après son assassinat : c'est le cas de Dominique Strauss-Kahn ainsi que de Claire Chazal, pour ne citer que les plus connus.

A la synagogue

Au cours de cette cérémonie, deux vrais intimes d'Edouard Stern ont prononcé quelques mots, sobres et chaleureux : Antoine Winckler et Henri Weber.

Le premier, avocat, était un ami de toujours. Fils de diplomate, esprit vif, études brillantes : lycée Louis-le-Grand, Ecole normale supérieure, agrégation de philosophie, ENA. C'est lui qui a initié Stern à la course à pied. « Je l'ai entraîné à la course de fond, a-t-il raconté un jour, dans un journal : un an plus tard il courait déjà le marathon en moins de trois heures [1]... » Stern participera régulièrement au marathon de New York en sa compagnie, au début des années quatre-vingt. Il aimait souffrir en se dépassant. Mais c'est aussi avec Antoine Winckler que Stern était capable, sur un coup de tête, à vingt ans comme à trente, au cours d'un dîner de copains, de partir soudain au volant d'une voiture pour rejoindre Megève, et d'arriver au milieu de la nuit. Pour une seule journée de ski ! « Il osait faire tout ce que nous n'osions pas faire », se souvenait-il. C'est en compagnie de Winckler et de quelques autres qu'Edouard Stern a fait la nouba avec les filles, avant de finir par se marier.

Le deuxième orateur, dans ce petit cimetière de Veyrier, a été Henri Weber, élu député européen le 13 juin 2004, après avoir été neuf ans sénateur socialiste. Etrange et profonde relation ! En apparence, tout opposait ces deux hommes. Henri Weber n'est pas né dans la soie mais à Leninabad, en Sibérie, le 23 juin 1944, de parents juifs polonais, ayant fui les nazis, déportés dans un camp soviétique pour soutenir, par leur travail, l'effort de guerre. Tout aurait dû les séparer. Avant de rejoindre Laurent Fabius, dont

---

1. *Le Nouvel Economiste*, 25 août 1995.

il est toujours le lieutenant, obligé, par fidélité, d'exprimer lui aussi son hostilité à la future Constitution européenne, rejetée le 29 mai dernier par les Français, Henri Weber a longtemps été un gauchiste patenté : avec Alain Krivine et Daniel Bensaïd, il a fondé, en 1968, la Ligue communiste révolutionnaire (LCR). Docteur en philosophie et en sciences politiques, il a même été la tête pensante de ce mouvement et de son journal : Rouge.

Henri Weber est, depuis 1971, le compagnon de Fabienne Servan-Schreiber, la demi-sœur – et de loin la sœur préférée – d'Edouard Stern. Christiane Laroche, sa mère, a en effet épousé en premières noces Jean-Claude Servan-Schreiber [1], dont elle a eu deux filles, Sophie et Fabienne. Ils ont divorcé peu après la naissance de celle-ci. Antoine Stern a épousé rapidement Christiane, qui était enceinte d'Edouard. Et Christiane s'est aussitôt installée rue Barbet-de-Jouy avec ses deux filles Sophie et Fabienne, ainsi que leur gouvernante. Antoine Stern a aussi dû accueillir, dans la foulée, Claude Laroche, le frère de Christiane, avec son fils Hadrien. Six personnes d'un coup !

Fabienne et Edouard ont ainsi été élevés ensemble, dès la prime enfance. Leur relation a toujours été très forte. Au point que beaucoup la décrivaient comme une mère de remplacement pour l'enfant et l'adolescent perturbé qu'a toujours été Stern, avant d'être un financier vindicatif et parfois haineux. Elle savait le calmer, le gronder, trouver les mots et le ton qu'il fallait pour apaiser ses colères. Elle l'aimait. Et Edouard Stern lui rendait cet amour.

---

1. Député UNR-UDT dans les années soixante, cousin de Jean-Jacques et de Jean-Louis Servan-Schreiber, les fondateurs de *L'Express* et de *L'Expansion,* puis de *Psychologies.*

La vie de Fabienne Servan-Schreiber et d'Henri Weber a souvent été difficile, endeuillée notamment par la perte de trois de leurs enfants. Le décès accidentel de l'un d'eux, en avril 1994, a été particulièrement douloureux. Pour sa sœur et son compagnon, Edouard a tout laissé tomber. Avec sa femme Béatrice, ils s'étaient pratiquement installés dans leur appartement, assurant les repas tous les soirs, filtrant le téléphone, donnant de vraies preuves d'amour.

Dans cette épreuve et dans quelques autres, Fabienne a toujours été soutenue, affectivement et même financièrement, par Edouard Stern, pourtant présenté comme maladivement avare du cœur et de l'argent. Mais, s'agissant de Stern, il se trouve souvent des proches pour ternir la médaille. A les en croire, c'est par opposition à sa famille, convenue et traditionnelle, qu'Edouard Stern aurait donné son affection exclusive à Fabienne Servan-Schreiber, une femme brillante, originale et de caractère. Et c'est par goût pour la transgression qu'il serait devenu l'intime d'Henri Weber : l'héritier d'une des plus anciennes lignées de banquiers français passant ses journées avec le fondateur de la LCR, gauchiste intransigeant, peut-on rêver d'un meilleur pied de nez aux conventions ?

« Tout s'est déroulé très sobrement », a commenté le rabbin Izhak Dayan, après avoir prononcé l'oraison funèbre. Edouard Stern, pour la première fois depuis sa naissance, reposait enfin en paix. Tout le monde s'est séparé, pour rejoindre Genève, Paris, Londres, Bruxelles ou New York. En se demandant qui avait bien pu commettre ce meurtre et pourquoi. La clé du mystère se trouvait-elle dans l'une de ces villes, à Moscou, ou bien quelque part ailleurs sur la planète ?

tant il est vrai qu'en 2005, dans ce monde globalisé que fréquentait Stern, il avait des ennemis sur toute la surface du globe. « L'enquête se poursuit dans le plus grand secret, écrit la *Tribune de Genève*. Le juge en charge du dossier ne répond plus aux appels des journalistes. La police se mure derrière le secret de l'instruction. Même les enquêteurs de la brigade criminelle, chargés de l'affaire, ne pipent mot. "Je n'ai jamais vu une affaire si verrouillée", constate un policier. Les raisons de cette chape de plomb ? Incontestablement, la personnalité de la victime, banquier richissime au caractère bien trempé, 38e fortune de France, de même que ses liens privilégiés avec le gouvernement français », conclut le journal suisse.

Chapitre 4

Rumeurs

« Ne croyez pas ce qu'écrivent les journaux ! » Trop tard. A peine arrivés à Roissy en provenance de New York, le mercredi 2 mars au matin, moins de vingt-quatre heures après la découverte du corps de leur père, Mathilde, Louis et Henry Stern ont vu exploser devant leurs yeux les gros titres des quotidiens. Depuis lundi, ils n'ont pratiquement pas touché terre, au propre comme au figuré. La veille, Béatrice David-Weill, leur mère, s'était inquiétée de ne pas recevoir le coup de fil quotidien d'Edouard. Dès qu'elle a été prévenue de son décès par Kristen Van Riel (qui s'est abstenu, dans un premier temps, de lui donner des détails), le matin à New York, elle a demandé à Mathilde et à Henry, l'aînée et le cadet, de venir auprès d'elle. Elle a appelé Louis, étudiant à l'université de Chicago :

– Il faut que tu prennes le premier avion pour New York. Dès ton arrivée, nous partons pour Paris.

– Que s'est il passé ?

– C'est grave. Dépêche-toi.

Lorsque Louis les a rejoints, en début d'après-midi, Béatrice a réuni sa fille et ses deux fils autour d'elle. Bouleversée mais maîtresse d'elle-même, cette femme exceptionnelle de courage et de dignité, adorée de ses enfants, leur a annoncé gravement la mort de leur père, en leur révélant qu'il s'agissait d'un assassinat, sans autres précisions. Elle ne sait d'ailleurs rien de plus. Tous les quatre ont pris l'avion, le soir même, destination Paris, où ils disposent d'un vaste appartement.

A leur arrivée à Roissy, ils sont agressés par les gros titres de la presse quotidienne. Mais ils n'ont encore rien vu. Car les journaux ne connaissent pas, ce jour-là, les conditions dans lesquelles le meurtre a été commis. Ce n'est que le lendemain que Béatrice David-Weill, qui s'est rendue aussitôt à Genève, apprendra de la bouche du juge d'instruction le contexte pour le moins glauque de l'assassinat de celui qui fut son mari et dont elle est restée, en dépit de tout, très amoureuse. Elle écoute le juge sans ciller, comme si rien ne pouvait plus l'étonner de son ex-époux, l'homme qui l'a fait souffrir mais qui surtout, encore plus, l'a fait rêver, celui, en tout cas, qui l'a sortie à jamais du cadre étroit de sa condition de jeune femme trop riche et trop bien élevée. Michel-Alexandre Graber l'a aussitôt mise en garde : « Faites attention, car d'ici peu, on ne présentera plus le père de vos enfants comme une victime mais comme un coupable dont on recensera tous les vices. »

La révélation des pratiques sexuelles sadomasochistes – pour le moment présumées – d'Edouard est une surprise totale pour Béatrice, comme elle le sera d'ailleurs pour la plupart de ses proches, y compris de ceux et de celles avec qui il a eu des relations sexuelles suivies : est-ce parce que, comme tout homme de pouvoir, il prenait un soin jaloux à cloisonner ses vies et ses relations ? Béatrice se raccroche à une hypothèse : et s'il s'agissait d'une mise en scène ? Ses enfants pren-

dront connaissance des détails sordides à la lecture
des journaux du lendemain. Ceux-ci parlent, pour la
première fois, de la combinaison en latex, évoquent
ouvertement des rapports sadomasochistes et brodent
sur « les relations particulières qu'entretenait le banquier dans des milieux interlopes ». Les enfants
avaient été prévenus, par Béatrice, que leur père avait
une vie personnelle agitée, ce dont ils ne doutaient
guère. Mais de là à se faire trouer la peau, ligoté et
engoncé dans une étrange combinaison... Et encore
ne savent-ils pas tout...

Cette révélation va faire l'effet d'une bombe : au
mystère et à l'argent s'ajoutent la violence et le sexe,
dans ce qu'il a de plus inattendu. Et de plus cru. Alors
que les boutiques sadomasochistes fleurissent dans
toutes les grandes capitales ; que le bondage fait partie
de la culture japonaise au même titre que l'art floral ;
que le quotidien *Libération,* en France, publie tous les
jours des publicités telles que « 3615 MTR [pour maî-
tresse], le royaume des amours sévères », illustrées de
la photo d'une jeune femme en corset de vinyle à
lacets, le cou enserré dans un collier de chien ; alors
que le SM est devenu un must dans nombre de boîtes
de nuit et clubs échangistes branchés, l'évocation
d'une relation de cette nature venant d'un homme de
cette trempe se répand à travers le monde à la vitesse
d'Internet. Tous les journaux en font leurs choux
gras. Elle anime les conversations, de Los Angeles à
Milan, de Moscou à Rio de Janeiro. Partout, dans tous
les dîners, dans tous les milieux, revient la même question. Je l'ai moi-même entendue des dizaines de fois :
« A quoi sert une combinaison en latex ? Quel plaisir
particulier apporte-t-elle ? » Ces questions, posées parfois de façon hypocrite par des personnes parfaite-

41

ment averties, témoignent en tout cas d'un intérêt discret mais vif pour la domination et la soumission. De ces choses-là, on ne parlait pas dans le monde. Mais voilà que, devant moi, la mort du banquier permet de libérer la parole[1].

Edouard Stern gravement masochiste ? Les premières réactions sont toutes marquées par l'incrédulité. D'autant que le juge a confirmé le maintien du secret absolu en indiquant, dans un communiqué, que « certaines zones d'ombre doivent être explorées ».

Zones d'ombre ? Tous les journaux mentionnent la possibilité de maquillage d'un crime mafieux en un crime passionnel. Stern « était vêtu d'une combinaison en latex, évoquant des pratiques sadomasochistes,

---

1. Voici une réponse sommaire à une question crue : le latex, issu du caoutchouc, est une matière souple, chère, mince et fragile, qui épouse les formes du corps. Les SM l'appellent la seconde peau. Auparavant toujours noires, les combinaisons en latex sont fabriquées maintenant dans différentes couleurs, dont la couleur chair. La couleur est souvent traitée pour donner un effet métallisé. Outre son caractère fétichiste, la combinaison en latex offre, pour les masochistes, plusieurs avantages : elle est contraignante et donc oppressante ; elle s'associe bien au bondage (ligotage) ainsi qu'à l'usage du fouet sans laisser de marques sur la peau. Lorsqu'on se fait fouetter dans une combinaison en latex, la douleur est tout aussi forte mais plus diffuse et mieux répartie. « Le latex est aphrodisiaque, surtout grâce à la sueur, affirme l'un de ses chantres, le graphiste publicitaire allemand Peter Czernich : il transforme en zone érogène toute la surface de contact avec la peau, qui colle et glisse comme un sexe. S'en recouvrir, c'est devenir un objet de désir total et absolu. » Les marques principales de vêtements fétichistes sont anglaises : Velda Lauder, Murray and Vern et surtout Skin Two (deuxième peau). Mais les rois du latex sont les Allemands qui consacrent un magazine au latex pur et dur, sévère, rigoureux, implacable, le *heavy rubber*.

à moins qu'il ne s'agisse d'une mise en scène », écrit par exemple *L'Express* : le meurtrier est « un proche ou un pro[1] ». *Le Figaro* avance l'hypothèse d'un « maquillage réalisé par des professionnels désireux de brouiller les pistes » et cite « plusieurs sources financières, tant à Paris qu'à Genève, [qui] ont en outre affirmé que la piste mafieuse russe leur paraissait être la plus crédible[2] ». « Et si les assassins du banquier Edouard Stern avaient maquillé leur forfait en crime sadomaso[3] ? » s'interroge ouvertement *Libération* qui se dit « dubitatif » devant « la piste SM, largement commentée par les médias ». *Libé* cite un « familier du restaurant Calvi situé près de l'appartement de Stern : "Vous croyez vraiment que les fétichistes, ou même les amateurs de sadomasochisme hard, finissent par se tirer dessus à balles réelles ?" » Un point de vue que partagent plusieurs enquêteurs.

Pour *Libération*, l'hypothèse d'un crime dont les mobiles seraient financiers semble plus prometteuse et en tout cas plus excitante que des motifs affectifs ou sexuels : « En fouillant dans le dédale de sociétés financières gérées par Stern, le juge d'instruction n'a pas tardé à mettre la main sur des montages intrigants. C'est sur ce terrain que les enquêteurs espèrent trouver la clé. En sachant que plus l'investigation devient financière, plus elle risque de s'enliser. » Le journal cite même « un universitaire » qui intellectualise et politise le dilemme : « Paradoxalement, la thèse du crime sadomaso est bien plus acceptable pour la haute société financière genevoise. Alors que si l'on

1. *L'Express*, 7 mars 2005.
2. *Le Figaro*, 7 mars 2005.
3. *Libération*, 14 mars 2005.

commence à déballer le linge sale de sociétés bidon, voire d'investissements de la mafia russe, d'autres banquiers risquent d'être éclaboussés. Un banquier sadique pose moins de problèmes qu'un banquier véreux. »

Les journaux suisses sont sur la même longueur d'onde. « Les affaires d'Edouard Stern sont loin d'être transparentes » écrit *Le Temps*. La *Tribune de Genève* rappelle qu'en 2001, après la publication du livre *Révélation$*[1] consacré à la circulation opaque de capitaux importants à travers la chambre de compensation interbancaire Clearstream, située au Luxembourg, Edouard Stern s'était manifesté auprès de Denis Robert : il « souhaitait me rencontrer parce qu'il savait que j'étais en possession de microfilms, raconte Denis Robert à la *Tribune de Genève*. Il craignait que ne soient révélés les mouvements bancaires liés à l'un de ses comptes apparaissant sur les registres de Clearstream. Le rendez-vous a été reporté plusieurs fois. Par la suite, il m'a contacté par l'intermédiaire d'un avocat genevois ». Sans d'ailleurs que personne n'ait véritablement compris les mécanismes extrêmement complexes qui pourraient permettre, à travers la chambre de compensation Clearstream, de blanchir sans risques de l'argent sale, les différents livres que Denis Robert a consacrés à cette affaire ont mis le doigt sur un véritable système organisé dont ont profité les nouveaux oligarques russes, en particulier la holding bancaire Menatep, qui détenait le contrôle du groupe pétrolier Ioukos, propriété du milliardaire Mikhaïl Khodorkovski. Les dernières investigations

---

1. Denis Robert et Ernest Backes, *Révélation$*, Les Arènes, 2001.

des spécialistes de l'informatique sur Clearstream laissent à penser que ce système ultra-sophistiqué a été dévoyé au profit des oligarques russes, avec le concours de certaines banques suisses et qu'il s'est développé ensuite de façon anarchique.

Encore les journaux, en France comme en Suisse, font-ils preuve d'une certaine retenue sur l'assassinat de Stern. Ce qui n'est pas le cas des nombreuses rumeurs qui circulent entre Paris et Genève. Un ministre important me raconte qu'il sait de source sûre qu'Edouard Stern était « ruiné, lessivé », et qu'il s'est suicidé, à sa manière. Un conseiller en communication célèbre brode devant moi et dans tous les dîners parisiens sur la même histoire d'un Stern « ruiné, endetté jusqu'au cou, obligé de faire du chantage et de blanchir l'argent russe pour tenter de se refaire et qui, ayant mis la main sur un magot qui ne lui appartenait pas, a été la victime d'une simple punition mafieuse ».

Ah, les Russes ! Un grand patron du CAC 40, d'habitude aussi prudent que réservé, me confie, sous le sceau du secret, qu'il détient la clé de l'histoire : « Il y a quelque temps, la maîtresse d'Edouard Stern, une ancienne miss URSS, l'a piégé en lui annonçant qu'elle était enceinte de plus de cinq mois, sans lui avoir dit quoi que ce soit avant, m'explique-t-il l'œil pétillant. Stern, qui ne voulait ni l'épouser ni reconnaître l'enfant, l'a obligée à avorter dans des conditions épouvantables et bien sûr illégales. La jeune femme en est sortie handicapée et stérile. Et son protecteur, un oligarque russe, s'est vengé. » Le récit est significatif : il montre comment des gens chargés de responsabilités et réputés sensés en arrivent, quand le climat s'y prête, à dire n'importe quoi ; et comment, à partir d'informations vraies – nous y reviendrons – mais fragmentaires (une ex-miss URSS, un enfant mort), une histoire peut être totalement déformée, au rythme des dîners en ville...

D'autres rumeurs courent dans Paris, plus étranges encore. Pour faire avancer ses dossiers ou bien par vengeance, Edouard Stern aurait menacé certains grands patrons du CAC 40 de faire fuiter des révélations sur leurs mœurs privées. De telles menaces peuvent-elles avoir un sens en cette époque de tolérance sexuelle ? Chacun sait plus ou moins que la grande majorité des hommes – et des femmes – de pouvoir ont une sexualité hors du commun. Sexe et pouvoir, sexe et politique vont de pair. Il y a, en France, une grande bienveillance de l'opinion publique vis-à-vis de la sexualité des hommes politiques, dont beaucoup ne se mettent en danger que par leur appétit et par l'urgence qu'ils montrent à satisfaire leurs pulsions. Comme ce leader de droite qui ouvre sa braguette dès qu'il est seul avec l'une de ses anciennes copines – « il faut absolument que tu me soulages » quémande-t-il. Ou bien ce leader de gauche, dont l'appétit sexuel est insatiable : il l'assouvit partiellement dans les boîtes à partouzes, sans se cacher. Innovation majeure, depuis quelques années : certains d'entre eux assument publiquement leur homosexualité, sans provocation, en trouvant le ton juste, comme Bertrand Delanoë, le maire de Paris. D'autres n'en font pas état, sans pour autant jouer aux hétéros, comme par le passé. Pour les politiques, les choses sont simples : ils veulent être aimés, partout et tout le temps, par leurs électeurs comme par tous leurs partenaires potentiels.

Mais pour les grands patrons, les choses sont parfois plus obscures et plus compliquées. L'efficacité, la techni-

46

cité et l'esprit de raison dont ils se prévalent sont peu compatibles avec toute idée de sexualité. L'image de sérieux qui s'accole à leur statut s'accommode mal d'une quelconque révélation sur une sexualité débridée ou hors normes. Nombre d'entre eux, trop stressés, mal entourés, vivent d'ailleurs dans un désert sexuel, n'osant pas se découvrir. Certains se contentent d'une relation affective avec une proche collaboratrice, parfois physique, souvent platonique. Pour les autres, ce n'est généralement pas d'amour qu'il s'agit, mais de pouvoir et de rapports de force. Et là, on entre dans le secret, le bizarre et l'inconnu. Comme les pratiques de ce très grand patron des années soixante-dix, faiseur de rois, jalousé par ses pairs, craint par ses centaines de milliers d'employés : il se faisait corriger par des prostituées déguisées en infirmières, après quoi celles-ci lui talquaient les fesses et lui mettaient une couche, tandis que, ravi, le P-DG d'âge avancé suçait son pouce en grognant ! Ce qui ne l'a pas empêché de faire une carrière prestigieuse. Sur les milliers de personnes qui ont assisté à ses obsèques, rares étaient celles qui connaissaient ses pratiques secrètes.

Il est vrai que dans le monde du grand patronat aussi, les choses évoluent. Personne ne fait grief à ce dirigeant d'une des plus grandes entreprises françaises du CAC 40, père de quatre enfants, d'être devenu, sur le tard, homosexuel, ce que savent tous ses pairs, même si cela n'a jamais été écrit. On lui reproche plutôt de mal organiser sa succession, en se souvenant que l'effondrement de Moulinex, jadis, a été en partie dû à l'incapacité de Jean Mantelet de trancher entre ses barons, dont certains avaient été ses amants et qui se déchiraient entre eux.

Mais l'exercice a tout de même ses limites. Si la simple homosexualité peut difficilement, désormais, être un objet de chantage, il n'en va pas de même pour d'autres comportements. Or d'autres chefs d'entreprise français, y compris dans le CAC 40, animés par une étonnante volonté de puissance, franchissent toutes les lignes, dépassent toutes les limites et ne veulent à aucun prix que cela se sache. La drogue peut s'en mêler. L'un d'entre eux, au moins, consulte son psychanalyste pour se libérer de son addiction à... l'héroïne. D'autres marchent à la coke. Certains, sexuellement, ont perdu tout contrôle. Sans parler de ceux – mais là, on revient presque dans le convenu – qui continuent à utiliser les avions de leur société pour leurs loisirs personnels ou leurs escapades particulières, ou qui pratiquent, à grande échelle, le détournement de fonds. Edouard Stern savait tout cela mieux que personne. Mais de là à faire chanter les intéressés, il y a un fossé immense que rien ne permet aujourd'hui de franchir.

Plus sérieuses sont les hypothèses qui évoquent une punition d'Edouard Stern qui se serait attaqué, financièrement, à plus fort que lui. Masqué derrière des fonds d'investissement basés dans des paradis fiscaux, il aurait tenté de « faire chanter » un certain nombre de sociétés françaises. Il est vrai que le chasseur n'avait pas peur du gros gibier. Il s'attaquait directement à des entreprises du CAC 40 et à leurs dirigeants. Notamment Suez. C'est ainsi que les administrateurs de ce groupe ont reçu, trois jours après l'assassinat de Stern, une lettre se plaignant de sa sous-valorisation en Bourse et réclamant une remise à plat de la structure du groupe et « la mise en place d'un comité d'administrateurs indépendants ». Cette lettre faisait suite à une autre, adressée le 8 décembre 2004, réclamant la scission du groupe Suez autour de ses deux métiers de base (eau et énergie), et restée sans effet. Il s'agissait d'une offensive directe contre Gérard Mestrallet, le patron du groupe Suez. Ces lettres étaient signées Eric Knight, gestionnaire du fonds d'investissement Knight Vinke Asset Management (KVAM), dont l'adresse à Genève est celle d'International Real Returns (IRR), le fonds de Stern. Edouard Stern et Eric Knight avaient monté KVAM ensemble en 2003. Tout Genève savait qu'Eric Knight était un faux nez d'Edouard Stern. L'opération de déstabilisation de Suez était en outre supervisée par le milliardaire belge Albert Frère, actionnaire très critique de la société et de son président ; lui aussi avançait masqué après une tentative de putsch interne qu'il avait initiée et qui avait échoué un an plus tôt.

Mais cette déstabilisation de Suez paraît soudain bien secondaire par rapport à l'affaire qui agite alors tout Paris : Rhodia. En quelques jours, tous les regards vont se tourner vers cette société harcelée depuis deux ans par Edouard Stern, cette fois-ci à visage découvert. En particulier lorsque les initiés apprennent qu'une perquisition a eu lieu avenue George-V, le 14 mars, dans les locaux de la filiale parisienne du fonds International Real Returns, propriété d'Edouard Stern, justement dans le cadre de l'affaire Rhodia. Et du chantage que celui-ci aurait pu exercer sur les dirigeants de cette société, sur Jean-René Fourtou, président de Vivendi Universal, ou sur le ministre des Finances lui-même.

Chapitre 5

Thierry Breton au poteau

Objectif : perdre huit kilos. Quand il est stressé, Thierry Breton grossit. Alors, forcément, à la tête de France Télécom qu'il a prise dans une situation de faillite, en raison d'investissements aussi onéreux que stupides engagés par son prédécesseur Michel Bon, le jeune quinquagénaire n'a cessé de s'arrondir. Sur les conseils de sa femme et de ses filles, il est parti, pendant les vacances scolaires, faire une cure diététique de thalassothérapie dans un hôtel luxueux, en Italie. Le matin du 25 février, quatre jours avant l'assassinat d'Edouard Stern, on le sort de sa cure pour lui passer un téléphone. C'est Jacques Chirac :

– Bonjour, Thierry, j'espère que je ne vous dérange pas ?

– Non, bien sûr, Monsieur le Président. Je suis en train de transpirer pour essayer de perdre quelques kilos.

– Vous avez raison, je devrais faire la même chose. Mais il faut que je vous voie de toute urgence. Je vous attends ce soir à 18 heures.

– Je ne sais pas si je vais pouvoir y arriver. Il y a des problèmes d'avion.

– Allez, Thierry, je vous attends.

Thierry Breton a compris. Lors du départ de Nicolas Sarkozy du ministère des Finances pour la présidence de l'UMP, le 28 novembre 2004, le Président avait fait le forcing auprès de lui pour qu'il prenne Bercy. Il voulait un homme jeune, neuf en politique pour créer la surprise et effacer au plus vite la trace de son prédécesseur. Breton avait refusé, en partie parce qu'il était engagé dans une opération de marché à France Télécom, en partie pour des raisons financières personnelles, en partie parce que succéder à Sarkozy n'était pas forcément la meilleure façon de faire ses premiers pas en politique. Mais, depuis sa cure, il a entendu l'écho assourdi de la curée, après que *Le Canard enchaîné* eut révélé qu'Hervé Gaymard s'était fait attribuer, aux frais de l'Etat, un appartement de 600 m² dans le quartier des Champs-Elysées, pour un loyer de quelque 14 000 euros par mois. La défense de Gaymard a été calamiteuse : le jeune leader a scié sa carrière politique en cachant qu'il disposait d'un appartement personnel à Paris, puis en disant qu'il l'avait prêté à un ami, avant d'avouer qu'il l'avait bel et bien loué.

Thierry Breton boucle immédiatement ses affaires, appelle sa femme Valérie Baroin, qui travaille au service de communication d'Air France. Elle seule pourra régler son problème d'avion. Ce qu'elle fait. Arrivé à Paris, il a à peine le temps de se changer pour se retrouver, quelques minutes avant 18 heures, à l'Elysée.

Jacques Chirac n'y va pas par quatre chemins. Il explique à son interlocuteur qu'il a besoin de lui car, à son grand regret, Hervé Gaymard va devoir démissionner. Thierry Breton exprime à nouveau ses réticences, mais, cette fois-ci, du bout des lèvres. Chirac l'écoute, puis le coupe :

— Ecoutez, Thierry, vous ne pouvez pas vous dérober une fois de plus. Vous devez accepter le ministère des Finances que je vous propose.

– Je suis très honoré, Monsieur le Président. Mais je voudrais vous poser une seule question.

– Allez-y.

– Avez-vous un autre candidat ?

– Non.

– Dans ces conditions, je ne vois pas comment je pourrais refuser. Quand me nommerez-vous ?

– Tout de suite. Hervé Gaymard va annoncer sa démission au journal de 20 heures, chez Poivre. Il y aura un communiqué immédiatement après.

C'est ainsi que Thierry Breton devint le dixième ministre des Finances de la République française en... neuf ans. S'il ne fait pas de grosses bêtises, il a la garantie de rester jusqu'à l'élection présidentielle de 2007. Voire, si les circonstances s'y prêtent, d'aller plus haut.

Breton a toujours été un patron très politique. Personne ne sait aussi bien que lui à quel point, à ce poste, il va être exposé. Aucun crocodile n'accepte facilement un nouveau saurien dans le marigot. Il entend déjà les critiques sur sa position de ministre, tuteur de l'entreprise qu'il vient de présider. Il anticipe les accusations de favoritisme. Pas question de prendre le moindre risque. La politique, en 2005, a ses contraintes de transparence et de rigueur que beaucoup d'hommes politiques ont perdues de vue. Le nouveau venu accepte évidemment de voir son salaire divisé par plus de dix[1] et décide de vendre tou-

_____

1. Thierry Breton a déclaré des revenus de 1 347 374 euros en 2003 au titre de président de France Télécom, soit huit fois son salaire de ministre de 14 000 euros par mois. Mais il touchait, en

tes ses actions France Télécom. Refusant de demander l'étalement de ses impôts – alors que c'est le droit de tout citoyen quand ses revenus diminuent – ceux-ci absorberont, et bien au-delà, son salaire de ministre. Il ne quittera pas sa maison, de style 1930, au demeurant superbe, près du parc Montsouris, au sud de Paris. Il se croit donc inattaquable. Il sait qu'une plainte a été portée contre lui, en 2003, en tant qu'administrateur de la société Rhodia, poste qu'il a abandonné en 2002. Mais il est tranquille. Sollicité pour devenir le seul administrateur non américain de Citibank, la plus grande banque du monde, il a fait l'objet d'une enquête approfondie sur tous les aspects de sa vie, y compris privée, comme c'est la règle aux Etats-Unis[1]. Il a, bien entendu, fait état de la plainte dont il était l'objet. Des cabinets d'avocats américains ont épluché les comptes rendus des conseils d'administration auxquels il a participé, ainsi que ceux du comité d'audit qu'il présidait, relevé toutes ses interventions. Leur verdict a été clair : rien ne peut lui être reproché. Rien qui puisse faire obstacle à sa cooptation comme administrateur de la plus grande banque du monde.

Et pourtant ! Le jour même de l'installation du nouveau ministre des Finances, Edouard Stern s'entretient au téléphone avec un financier à la réputation sulfureuse, Hughes de Lasteyrie. Les deux hommes, qui chassent sur les mêmes territoires, en s'attaquant

plus, des jetons de présence dans les différentes sociétés dont il était administrateur.
1. Thierry Breton a renoncé à ce poste le jour même où il a été nommé ministre, non sans un léger pincement. Les six séances annuelles du conseil d'administration de Citibank lui rapportaient plus, en jetons de présence, que son salaire de ministre !

à l'establishment de la haute finance, ne savent pas qu'ils sont sur écoute. Ils abordent d'emblée la nomination de Thierry Breton :

– C'est une excellente nouvelle pour nous.

– Pourquoi ?

– Parce que Breton était administrateur de Rhodia.

– Je sais. Il était même président du comité d'audit.

– Oui, tu vois ce à quoi je pense ?

– Bien sûr. On va changer de cible. Ils ne voudront pas d'histoires. On va se servir de ça pour faire monter la mayonnaise.

– Exactement et si tout se passe comme prévu, ça peut nous faire gagner un temps fou !

Gagner du temps : cela fait trois ans qu'Edouard Stern a fait de l'affaire Rhodia une querelle personnelle. Au cours de l'été 1999, via son fonds d'investissement, il a placé 68 millions d'euros dans cette entreprise chimique. Son patron, Jean-Pierre Tirouflet, le lui a demandé personnellement au cours d'un meeting qui s'est tenu à l'hôtel Carlyle de New York pour convaincre les financiers d'investir dans la société au moment de son introduction en Bourse. Le cours de Rhodia est alors de 28 euros. Et voilà qu'en juillet 2002, trois ans plus tard, il est tombé à 8 euros. Que s'est-il passé ? C'est un legs de Jean-René Fourtou, avant qu'il ne prenne la présidence de Vivendi Universal, succédant à Jean-Marie Messier. En 1998, alors patron de Rhône-Poulenc, Fourtou décide de se concentrer sur les produits pharmaceutiques et de se marier sur un pied d'égalité avec l'allemand Hoechst. Pour y parvenir, il faut à tout prix augmenter la valeur de Rhône-Poulenc. On crée donc Rhodia, dans laquelle on place toutes les activités chimiques du groupe, y compris celles dont l'exploitation est arrêtée depuis longtemps, mais qui traînent des contentieux écologiques. Comme

Cubatao, au Brésil, usine de pesticides fermée en 1992 sur décision de justice. Le site est l'un des plus pollués du pays. D'autres sites, aux Etats-Unis, sont dans la même situation. Notamment celui de Silver Bow dans le Montana, exploité de 1986 à 1996.

Le transfert de propriété est précédé d'un audit qui fixe le risque écologique maximal à 180 millions d'euros. Un contrat de garantie environnementale est signé, entre Rhône-Poulenc et Rhodia, avec un seuil maximal de remboursement de 122 millions d'euros. En 2003, confrontés à une grave crise de trésorerie, les dirigeants de Rhodia se tournent vers Aventis (devenue la société mère depuis la fusion de Rhône-Poulenc et de Hoechst) pour passer un accord contestable : Aventis verse 88 millions d'euros cash pour solde de tout compte, s'agissant des risques liés à l'environnement, laissant Rhodia seul responsable de la pollution sur ses anciens sites.

Le problème est que Jean-Pierre Tirouflet, patron de Rhodia et ancien directeur financier de Rhône-Poulenc, est financièrement plus intéressé (en raison des actions et des stock-options qu'il détient) à la réussite de Rhône-Poulenc puis d'Aventis qu'au succès de Rhodia, la société qu'il préside. Tout se passe comme si c'était avec son aval que Rhône-Poulenc a gardé l'ensemble de ce qui pouvait la valoriser, tandis que tous les déchets étaient transférés dans la filiale Rhodia, introduite en Bourse. Une façon, vieille comme la Bourse française, de se faire de l'argent sur le dos des petits actionnaires, éternels gogos.

Edouard Stern est tout sauf un gogo. L'idée même qu'on ait pu y songer et le traiter comme un petit actionnaire le met en fureur. Il déteste qu'on le sous-estime et ne supporte pas de perdre de l'argent. L'affaire lui paraît d'autant plus suspecte qu'en octobre 2001, Jean-Pierre Tirouflet, la direction de Rhodia ainsi que Jean-René Fourtou ont refusé d'étudier une OPA du groupe chimiste hollandais DSM au prix de 14 euros par titre. L'offre était pourtant inespérée : à l'époque, l'action Rhodia valait deux fois moins ! Les dirigeants de Rhône-Poulenc et de Rhodia ont-ils craint qu'un œil extérieur ne vienne regarder de trop près leurs comptes et leurs dossiers et ne découvre ainsi le pot aux roses ? Autre curiosité : les conditions douteuses et opaques du rachat, en 2000, de la société britannique Albright & Wilson (via une société coquille autrichienne), qui va lourdement plomber l'endettement du groupe. Il y a enfin ces rumeurs récurrentes d'OPA, suivies de démentis, qui font faire du yo-yo au titre Rhodia, permettant aux initiés – en particulier à ceux qui lancent les rumeurs et les démentis – de réaliser de fructueux allers-retours en Bourse.

En juillet 2002, Stern exige d'entrer au conseil d'administration de Rhodia, ce qu'il obtient. Il va alors harceler la direction. Jusqu'à ce jour d'avril 2003, où il dépose une motion visant à retirer son mandat à Jean-Pierre Tirouflet qu'il accuse... d'avoir truqué sa comptabilité. Ancien directeur financier de Rhône-Poulenc, celui-ci a été mis en place par Jean-René Fourtou, qui va le soutenir face à l'assaut. Tirouflet sauve provisoirement sa peau et c'est au contraire l'attaquant qui est viré sans ménagement du conseil d'administration. Le cours tombe alors à 1 euro, coûtant à Edouard Stern 60 millions d'euros, selon les plaintes qu'il déposera aux Etats-Unis et en France.

Dans sa lutte contre les dirigeants de Rhodia et d'Aventis, à commencer par Jean-Pierre Tirouflet et Jean-René Fourtou, Edouard Stern va trouver deux alliés de poids, mais d'un profil bien différent. Il y a d'abord Albert Frère, le milliardaire belge, ancien ferrailleur, qui a perdu plus de 100 millions d'euros dans Rhodia. Là encore, c'est Jean-René Fourtou et Jean-Pierre Tirouflet qui l'avaient convaincu d'acheter des actions lors de l'introduction en Bourse. En dépit de ses manières rustiques, Albert Frère est un vrai gentleman : il a joué, il aurait pu gagner, il a perdu. Il va tenter de limiter les dégâts mais ne franchira pas la ligne jaune informelle qui consiste à attaquer en justice pour récupérer son dû, même en cas de malversations. Moins les juges mettent leur nez dans les affaires, mieux ça vaut : le monde de la haute finance et de l'establishment a ses règles. Albert Frère les respecte, à la différence de Philippe Jaffré ou d'Edouard Stern.

L'autre allié d'Edouard Stern, dans cette bataille à mort contre les dirigeants de Rhodia et l'ancien état-major de Rhône Poulenc, n'a pas plus de scrupules. Il s'agit d'un personnage étrange, qui apparaît de temps à autre dans les brèves des journaux économiques pour disparaître aussitôt. Il a cinquante-six ans, s'appelle Hughes de Lasteyrie du Saillant. Il est comte et cousin à la fois de Valéry Giscard d'Estaing et de Bernadette Chirac.

Monsieur le comte est un singulier personnage : descendant d'un député qui devint ministre des Finances pendant les années vingt et laissa son nom à une rue de Paris, cet aristocrate dévoyé est obsédé par l'argent et peu regardant sur les moyens de l'obtenir. Dix ans plus tôt, Hughes de Lasteyrie avait permis à Bernard Arnault de conquérir Boussac, sa base de départ à partir de laquelle il est devenu le richissime propriétaire du groupe de luxe LVMH.

L'histoire, ancienne, mérite d'être rappelée pour

bien mesurer quel genre d'homme est Lasteyrie. En mai 1984, il est conseiller de Boussac Saint-Frères dont Bernard Arnault a pris le contrôle, grâce au soutien de Laurent Fabius[1]. Reste à faire entériner une augmentation de capital réservée à Arnault par les petits actionnaires, au cours d'une assemblée générale qui doit se tenir à Lille le 24 mai. Mais le 17 mai, un conseiller juridique, actionnaire de Boussac Saint-Frères, Claude Colombani, socialiste rocardien venu du PSU, qui agit pour le compte de Bernard Tapie, appelle Hughes de Lasteyrie. Il le met en garde :

– L'augmentation de capital que vous allez faire voter est assortie d'une condition : que les petits porteurs renoncent à leur droit d'y souscrire et donc d'en profiter puisque la situation financière de la société va s'en trouver améliorée.

– Et alors ?

– Je vous rappelle que la loi de 1966 sur les sociétés stipule que toute personne qui bénéficie d'un avantage particulier – en l'occurrence Bernard Arnault qui verra sa participation croître considérablement au détriment des autres actionnaires – ne peut pas prendre part au vote.

– Que proposez-vous ?

– Je me tiens à votre disposition pour faire en sorte que cette augmentation de capital soit réalisée dans le respect de la loi.

Claude Colombani fixe alors le prix de son intervention : ses honoraires s'élèveront à 1,5 million de francs.

– C'est bien trop cher, lui répond aussitôt Lasteyrie. Nous n'avons pas besoin de vos services.

---

1. Responsable de la gestion de portefeuilles chez Louis Dreyfus, en 1984, Hughes de Lasteyrie avait fait prendre des risques spéculatifs à ses clients sur les titres Boussac Saint-Frères.

– Comme vous voulez, conclut Claude Colombani. Mais sachez que je me réserve la possibilité de contre-attaquer en justice. En tout cas, je peux vous promettre que vous entendrez la voix des petits actionnaires et la mienne, lors de l'assemblée générale de la semaine prochaine à Lille. Je vous rappelle en outre que j'ai le soutien de la CGT.

La réponse sera brutale. Colombani n'atteindra jamais Lille. Le 22 mai, à 17 h 30, il est arrêté par la police à Orly alors qu'il se rend à Marseille pour participer à un forum sur la création d'entreprises, en compagnie d'Edith Cresson, ministre du Commerce extérieur, et du délégué interministériel aux PMI[1]. Cette interpellation fait suite au dépôt d'une plainte déposée contre lui par Hughes de Lasteyrie pour « tentative d'extorsion de fonds et de signatures » : l'aristocrate avait enregistré la conversation téléphonique. La garde à vue a été demandée par Pierre Lyon-Caen, procureur à Nanterre, et validée par le juge d'instruction Jean-Pierre Michaud. Colombani sera retenu en garde à vue pendant quarante-huit heures à la Conciergerie puis libéré le... 24 mai, à 18 heures, sans la moindre mise en examen, au moment même où se termine l'assemblée générale qui vient d'autoriser Bernard Arnault à prendre le contrôle de la société, grâce à l'augmentation de capital réservée.

Colombani menace, dans *Le Monde* : « Je souhaite que M. de Lasteyrie comprenne son erreur et m'adresse des excuses. Faute de quoi, j'en tirerai les

---

1. L'affaire a été racontée par Jean-Michel Quatrepoint dans *Histoire secrète des dossiers noirs de la gauche*, éditions Alain Moreau, 1986 ; je l'ai reprise et développée dans *L'Ange exterminateur, la vraie vie de Bernard Arnault*, Albin Michel, 2003.

conséquences judiciaires par une menace d'attaquer en dénonciation calomnieuse. » Lasteyrie et Arnault n'en ont cure. Nul ne sait lequel des deux a eu les contacts nécessaires pour manipuler de façon aussi efficace la justice française. Mais il est frappant de voir les moyens qu'a utilisés Lasteyrie pour déjouer cette opération alors que plus tard il se montrera lui aussi très énergique à défendre ses intérêts ! Nommé administrateur directeur général de Boussac Saint-Frères avec pour mission de faire le ménage en se séparant au plus vite des actifs, Hughes de Lasteyrie signe des accords de cession d'usine dans des conditions controversées. Mais il en sait trop et devient encombrant. Bernard Arnault se passera de ses services moyennant un chèque de 2,3 millions de francs.

Lasteyrie s'exile bientôt à Londres, puis en Belgique. Depuis Bruxelles, à travers une kyrielle de sociétés exotiques, il sème la panique dans les entreprises sous-cotées. Il devient un spécialiste de la recherche des failles et des pressions officieuses. Chantage ? Comme ce mot écorche les oreilles, l'establishment lui préfère celui de *greenmail* (pour chantage au billet vert). Faire appel à des mots anglais est souvent bien commode pour atténuer un concept, lui donner une apparence technique. Quoi qu'il en soit, cette pratique du *greenmail*, à la limite de la légalité et en tout cas peu morale, est répandue aux Etats-Unis... Et se développe en France. Mais chacun a sa méthode, son style, adaptés au contexte.

La méthode de Lasteyrie est toujours la même. Il prend une petite partie du capital d'une société sous-évaluée en Bourse et ronronnante, se présente aux dirigeants en mettant en avant son pedigree d'aristocrate, son look de gentleman et ses relations. Il inspire confiance. Il entre au conseil, attend un peu puis abat ses cartes : il exige une amélioration de la rentabilité, par la baisse des coûts qui passe souvent par des licenciements. Soit les dirigeants suivent ses conseils, le cours monte et Lasteyrie sort avec une plus-value, comme avec Stéphane Kélian ou Cofigeo. Soit le gentleman sait se montrer grossier voire franchement brutal. Il harcèle les dirigeants et les administrateurs, il les menace d'aller en justice. Dans la plupart des cas, ceux-ci acceptent de le dédommager en rachetant ses titres au prix fort, ou par tout autre moyen. C'est ainsi qu'il a empoisonné la vie de François Pinault en s'opposant à sa tentative de prise de contrôle rampante du groupe suisse Holdivar. Le milliardaire français aurait accepté de le désintéresser discrètement. Parfois, il touche le jackpot, comme lorsqu'il investit dans l'équipementier automobile Sommer-Allibert, poussant à sa revente à Faurecia en 2000. Sa plus-value aurait avoisiné les 40 millions d'euros, doublant sa fortune. Mais ces opérations ne marchent pas à tous les coups : Lasteyrie a fait la bêtise de réinvestir entièrement ses gains dans Rhodia !

Autre particularité de Lasteyrie : il ne lâche jamais le morceau. Convaincu lui-même par son propre discours, il fait partie de la brigade des vindicatifs dans l'immense mais discrète armée des exilés de l'impôt sur la fortune. Il s'est battu notamment contre l'*exit tax*, impôt concocté par Dominique Strauss-Kahn qui voulait imposer les grandes fortunes désireuses de s'exiler à l'étranger. Après deux ans de procédure, en mars 2004, il a fait condamner l'Etat français par la Cour de justice européenne. Après quoi il a adressé sa note de frais d'avocats de 50 000 euros à Bercy !

Chapitre 6

Feu sur le quartier général

A Genève, pendant ce temps, l'enquête avance. Dans la discrétion, comme depuis le début de cette affaire exceptionnelle. Les hypothèses d'une vraie mise en scène perdent peu à peu de leur consistance aux yeux du juge et des enquêteurs. La simple observation de l'impact des balles et des blessures a révélé que les coups de feu avaient été tirés alors que Stern était engoncé dans sa combinaison latex et que celle-ci n'avait pas été enfilée après le crime. Aurait-il été obligé de se prêter de force ou à son insu à une telle mise en scène ? Mais les analyses toxicologiques réalisées sur le cadavre établissent formellement qu'Edouard Stern n'avait absorbé ni stupéfiant ni alcool et surtout aucun produit susceptible d'avoir annihilé sa volonté, comme le GHB, la fameuse drogue des violeurs : une pincée dans un verre et la victime s'abandonne, fait ce qu'on lui dit de faire et ne se souvient de rien. L'hypothèse du maquillage direct d'un règlement de comptes en crime passionnel est ainsi à peu près écartée : Stern n'a pas enfilé sa combinaison sous l'effet d'un produit altérant sa volonté. Reste encore la possibilité qu'il l'ait fait sous la menace d'une arme. Mais elle est très peu vraisemblable.

Il n'empêche : pour tout le monde, la vie d'Edouard Stern expliquera sa mort et l'affaire Rhodia est bien, depuis un an, au centre de ses soucis et à l'origine des menaces dont il se disait l'objet. Rhodia ? En février 2004, l'attaque contre la société chimique dont le cours s'est effondré est menée par une figure du grand capitalisme, Albert Frère, qui s'abstient d'aller en justice, et par deux investisseurs marginaux dans le système, lui et Lasteyrie. Tous trois réclament de vigoureuses reprises en main et un changement de direction. Ils se plaignent de ne pas avoir été entendus, en dépit des nombreuses plaintes déposées, au pénal, devant le procureur de Paris, contre Rhodia et ses dirigeants. Et au civil devant les tribunaux de commerce de Paris et de New York.

Déposée devant le juge Richard Pallain, au tribunal de grande instance de Nanterre (Hauts-de-Seine), la plainte avec constitution de partie civile pour faux bilans, délits d'initiés, informations trompeuses et abus de biens sociaux a été transmise au procureur de la République de Paris qui a confié le dossier au pôle financier. Il est instruit par le juge Henri Pons et l'enquête a été déléguée à la brigade financière de la rue du Château-des-Rentiers, dans le 13e arrondissement de Paris. Cette plainte ne suffit pas : parallèlement, Stern et Lasteyrie réclament 935 millions de dollars devant un tribunal civil américain, à New York.

En août 2004, Hughes de Lasteyrie va placer la barre plus haut encore : il dépose une plainte contre X visant à réclamer 2,85 milliards d'euros à Sanofi-Aventis, héritière de Rhône-Poulenc (après fusion avec Hoechst puis avec le groupe français Sanofi-Synthélabo), qui reste la maison mère de Rhodia, celle qui lui a donné naissance. Furieux de voir que Rhodia ne réagissait pas à ses plaintes, Lasteyrie attaque ainsi Sanofi-Aventis en lieu et place de Rhodia, se substituant à elle, « dans son intérêt ».

A ces plaintes pénales et civiles s'ajoute une enquête administrative, diligentée en juin 2003 par l'AMF, l'Autorité des marchés financiers qui succède à la Commission des opérations de Bourse (COB), à la demande, là encore, de Stern et Lasteyrie.

Toutes ces plaintes et ces enquêtes visent en premier lieu Jean-René Fourtou et Jean-Pierre Tirouflet. Mais elles concernent aussi les douze administrateurs de Rhodia à l'époque où a été réalisé le rachat d'Albright & Wilson. Parmi lesquels Thierry Breton, ainsi qu'Igor Landau, futur président éphémère d'Aventis, et même le prix Nobel Pierre-Gilles de Gennes ! Il leur est reproché de ne pas avoir exercé leurs responsabilités avec suffisamment de vigilance, en ne s'opposant pas à ce que la politique conduite par le groupe chimique ait été faite « au seul profit d'Aventis », premier actionnaire de Rhodia. Stern et Lasteyrie estiment alors le préjudice subi à 925 millions d'euros et demandent que cette somme soit reversée à Rhodia.

Thierry Breton a une responsabilité particulière. Il était alors président du comité d'audit, une émanation du conseil d'administration, dont le rôle était, entre autres, de « veiller à ce que tous les moyens [...] soient mis en œuvre pour prévenir et maîtriser les risques [et de] vérifier les rapports financiers périodiques ». Le comité d'audit est placé sous la responsabilité du conseil d'administration. Pourtant, avant sa nomination à Bercy, Breton apparaît plutôt périphérique dans l'histoire, ayant quitté le conseil dès 2002. Stern vise avant tout Jean-René Fourtou. Il l'attaque d'ailleurs sur plusieurs fronts. Et notamment en tant qu'actionnaire minoritaire de Vivendi Universal : il conteste les conditions dans lesquelles Canal+ Technologies a été vendue en 2002 pour 190 millions d'euros à Thomson Multimédia, alors présidée par... Thierry Breton ! La société était auparavant valorisée plus du double et Thomson l'a revendue, moins d'un an plus tard, 300 millions d'euros. Dans une plainte déposée en juin 2004, Stern dénonçait « un prix anormalement bas permettant de penser que des actes relevant du délit d'abus de biens sociaux ont été commis à cette occasion ». Y a-t-il eu magouille ? « La justice devra s'assurer que cette mauvaise affaire de Vivendi Universal n'a pas été délibérée, afin de satisfaire les intérêts personnels de ses dirigeants, écrit *Marianne*. Et qu'elle ne dissimule aucun renvoi d'ascenseur entre amis[1]. »

Edouard Stern a-t-il tenté de faire chanter Jean-René Fourtou, à titre personnel, pour récupérer plus vite son argent perdu dans Rhodia ? C'était une hypothèse qui courait dans Paris dès avant son assassinat. Une rumeur comme les autres ? Jean-René Fourtou – qui réfute naturellement en bloc toutes ces accusations – a quitté la présidence opérationnelle de Vivendi Universal le 28 avril 2005, avec une image particulièrement brouillée : « Il y a ce flot d'argent qui alimente désormais toutes les critiques, écrit Martine Orange dans *Le Monde* ; un salaire trop élevé de 2,2 millions d'euros en 2003, de 3,4 millions en 2004. Des stock-options à foison[2]. » Les journaux ont révélé qu'à travers une « fondation » créée pour l'occasion et par l'intermédiaire de ses fils, Jean-René Fourtou s'était attribué 20 millions d'euros d'obligations remboursa-

---

1. *Marianne,* 7 mai 2005.
2. *Le Monde,* 28 avril 2005.

bles en actions, avec une plus-value potentielle de près de 15 millions d'euros. Un comportement personnel d'autant plus choquant que Fourtou avait accepté la succession de Jean-Marie Messier à la tête de Vivendi Universal en proclamant haut et fort qu'il n'acceptait aucune rémunération pour le prix du sauvetage.

Jean-René Fourtou a d'autres points de fragilité, liés à sa vie à Marrakech, où il dispose d'une superbe maison – il lui a fallu, à ce propos, justifier certaines dépenses et notamment l'usage des avions du groupe – et où il passe une bonne partie de son temps. Il a dû lâcher du lest en renonçant à sa retraite chapeau au titre de Vivendi Universal après le scandale des 38 millions d'euros accordés à Daniel Bernard lors de son départ de la présidence de Carrefour. Mais il est vrai que cette retraite se serait ajoutée à celle que Fourtou touche déjà au titre de Rhône-Poulenc Sanofi-Aventis ! Fourtou accumule les casseroles. De là à l'imaginer objet d'un chantage de la part d'Edouard Stern, il y a un pas qui est, cette fois, allégrement franchi dans les dîners en ville.

Edouard Stern a été entendu à diverses reprises par le juge Henri Pons. Selon ses avocats, au cours des derniers mois, le financier les appelait plus de six fois par jour à propos de l'affaire Rhodia. C'était devenu une obsession. Le 14 février 2005, quinze jours avant sa mort, il écrivait encore une lettre à Aldo Cardoso, ancien patron d'Arthur Andersen, administrateur de Rhodia. Dans cette missive, Stern exigeait que Rhodia provisionne 500 millions d'euros pour des risques liés à la dépollution qu'elle n'a pas pris en compte : « Je vous rappelle à cet égard la conversation du 6 octobre 2004 entre M. Nanot [le président de Rhodia nommé après le départ de Jean-Pierre Tirouflet] et M. Dehecq [président de Sanofi-Aventis], dans laquelle M. Nanot a demandé une indemnisation de 500 millions d'euros au titre des seuls risques environnementaux, et c'est au minimum sur la base de ces chiffres que les intérêts de notre société doivent être défendus[1]. »

Jusqu'à la nomination de Thierry Breton à Bercy, la cible principale d'Edouard Stern et de Hughes de Lasteyrie était Jean-René Fourtou. Mais dès le lendemain de son entrée au gouvernement, Breton devient central. Lasteyrie le reconnaîtra lui-même, après la mort de Stern, sur BFM : « Très honnêtement, jusqu'à il y a deux mois, on ne m'avait jamais parlé de Thierry Breton dans le dossier Rhodia[2]... » Pour Stern et pour Lasteyrie, l'objectif n'est bien sûr pas politique. Mais comme ils se le sont dit dans leur conversation téléphonique au lendemain de la nomination de Breton, il s'agit d'utiliser le levier politique pour mieux et plus vite faire payer leurs adversaires.

Bien sûr, l'assassinat de Stern intervient beaucoup trop vite après la promotion du nouveau ministre pour qu'on puisse établir un rapport quelconque entre les deux événements, rapport au demeurant absurde. Mais la coïncidence trouble. L'idée d'un lien

---

1. Lettre publiée dans la *Tribune* du 8 mars 2005. Il est vrai que les contentieux écologiques s'amoncellent. En janvier 2004, Rhodia a été condamné à 18 millions de dollars d'amende par un tribunal américain pour avoir stocké illégalement des déchets à Silver Bow dans le Montana. Le groupe est condamné à nettoyer complètement le site. Les risques sont réévalués. Le dernier rapport annuel précise : « Des passifs éventuels estimés à environ 70 millions d'euros au 31 décembre 2003 ont été réestimés à environ 140 millions au 31 décembre 2004. »
2. Interview recueillie par Hedwige Chevrillon, 7 avril 2005.

entre l'assassinat d'Edouard Stern et l'affaire Rhodia est d'autant plus consistante, aux yeux des observateurs avertis, que c'est à partir du dépôt de ses différentes plaintes contre les dirigeants de cette société que le financier a fait état, auprès de plusieurs personnes, des menaces dont il était l'objet. Dès l'automne 2003, il confie à Claude Guéant, directeur de cabinet de Nicolas Sarkozy, alors ministre de l'Intérieur, « s'être senti surveillé » autour de son appartement parisien, proche du Champ-de-Mars. Il dira la même chose à Nicolas Sarkozy lui-même. Lasteyrie ira plus loin. Par l'intermédiaire de son avocat Philippe Champetier de Ribes, il fait le lien entre l'assassinat de Stern et l'affaire Rhodia, dans une interview au *Parisien* : « Je dispose d'informations montrant qu'il existe toujours des doutes sérieux sur le mobile et les circonstances de cet assassinat. L'affaire Stern n'est pas si claire [...]. Je m'autorise à dire cela car j'ai des craintes pour mon client[1]. » La journaliste Jannick Alimi pose alors la question qui tue : « Si vous nourrissez des craintes pour votre client, c'est que la mort d'Edouard Stern aurait un lien avec l'affaire Rhodia ? » Réponse : « On ne peut pas l'exclure [...]. »

Dans les mois précédant sa disparition, Stern affirme à ses avocats avoir reçu des menaces de mort et être placé sous surveillance. Il prend une arme de poing sur lui, un pistolet de marque Glock, qu'il porte en permanence à la ceinture. C'est une arme de fabrication autrichienne, très efficace, la même que celle qu'avait utilisée le psychopathe Richard Durn le soir de la fusillade de Nanterre où il avait abattu plusieurs conseillers municipaux. Il avait obtenu son port

---

1. *Le Parisien*, 11 mai 2005.

d'arme grâce à son ami Nicolas Sarkozy, alors ministre de l'Intérieur, et aurait eu du mal à le faire renouveler ensuite. « L'autorisation de port d'arme à des personnalités est systématiquement soumise au cabinet du ministre de l'Intérieur », fait valoir l'entourage de Sarkozy, dès que l'information est publiée.

Mais les menaces que dénonce Stern restent floues, tout comme les raisons qui les provoquent. Pour ses proches, le lien avec l'affaire Rhodia n'est pas avéré : « Il était un investisseur important dans de nombreuses sociétés, gérait une grande masse d'argent et était préoccupé comme n'importe qui pouvait l'être dans sa position, confie au *Wall Street Journal* Xavier de Sarrau, un conseiller genevois de Stern ; il s'était fait beaucoup d'ennemis[1]. »

Il n'empêche que Hughes de Lasteyrie s'est lui aussi senti menacé, alors qu'à ma connaissance la seule affaire où il s'est trouvé associé à Edouard Stern est l'affaire Rhodia. « Il y a un an, je me suis aperçu que mes téléphones portables étaient sur écoute, qu'on avait placé des logiciels espions dans mes ordinateurs, raconte-t-il au *Nouvel Observateur*. Ajouté à certains propos, cela a créé un climat d'inquiétude tel que, le 8 janvier dernier, j'ai demandé – en vain – une protection policière à la justice française. Edouard Stern a fait de même[2]. » De mon côté, j'apprends aussi qu'un technicien venu réparer, en octobre 2004, la ligne téléphonique de Jeffrey Keil, associé de IRR à New York, a découvert une bretelle de dérivation sur le téléphone. L'incident a aussitôt été signalé au bureau du procureur de Manhattan, qui a ouvert une enquête.

---

1. *Wall Street Journal*, 14 avril 2005.
2. *Le Nouvel Observateur*, 14 avril 2005.

Bref, au-delà de Jean-Pierre Tirouflet – qui s'est mis à l'abri en Autriche, avec une retraite chapeau de plus de 5 millions d'euros ! – et de Jean-René Fourtou, beaucoup de monde avait à craindre des différentes enquêtes sur Rhodia. Edouard Stern aurait-il fait pression sur certains acteurs pour obtenir réparation du préjudice qu'il avait indéniablement subi ? Les spéculations vont bon train. Une chose est sûre : flotte autour de cette affaire une lourde ambiance, avec des centaines de millions d'euros en jeu. Même après sa mort, le climat de peur et de tensions persiste. Chantage ?

Le mot est fort et la réalité des faits reste à établir définitivement. Ce qui est sûr, c'est que les nerfs des protagonistes restent à vif dès que ce dossier est évoqué. Y compris au sommet de l'Etat. Un rebondissement imprévu va vite le prouver. Le 31 mars, un mois jour pour jour après l'assassinat de Stern, Xavier Musca, le directeur du Trésor, a un rendez-vous en fin d'après-midi. Il reçoit Hughes de Lasteyrie, qui l'a appelé le matin même. Trois quarts d'heure plus tard, Musca est dans le bureau de Gilles Grapinet, le directeur de cabinet de Thierry Breton. Le ministre pousse la porte, comprend qu'il se passe quelque chose :

– Un problème ?

– Oui, grave, répond le directeur de cabinet.

Xavier Musca prend la parole, d'une voix blanche :

– Hughes de Lasteyrie sort de mon bureau et...

– Mais pourquoi l'avez-vous reçu ?

– C'était la première fois, il m'a appelé ce matin en me disant qu'il avait des informations à me communiquer.

Thierry Breton est sidéré. Comment quelqu'un d'aussi avisé que le très rigide Xavier Musca, directeur du Trésor, a-t-il pu commettre la bourde de recevoir un personnage aussi inquiétant que Hughes de Lasteyrie, qui a porté plainte contre Breton ?

– Et alors ?

– Eh bien, il m'a menacé de faire des révélations compromettantes pour vous et pour la République, à moins que je ne lui organise un rendez-vous, avant lundi 18 heures, avec Dehecq [président de Sanofi-Aventis] pour qu'il le dédommage des 40 millions d'euros qu'il a perdus dans l'affaire Rhodia...

– Mais c'est du chantage ! Et ici, à Bercy ! Mais comment avez-vous pu vous prêter à une telle opération ?

– Je n'aurais jamais imaginé que ça se passerait ainsi. Je me suis fait avoir. Que devons-nous faire ?

– Porter plainte, évidemment, dit Breton.

Jusque-là silencieux, le directeur de cabinet intervient :

– Mais cela va faire un scandale !

– D'abord, c'est la loi, répond le ministre, manifestement hors de lui. Je vous rappelle que tout fonctionnaire doit dénoncer à la justice les infractions dont il a connaissance. Ensuite, je vous signale que le scandale serait beaucoup plus grand si on apprenait notre absence de réaction après un tel chantage.

Thierry Breton se tourne alors vers le directeur du Trésor :

– La première chose à faire est que vous couchiez sur papier la tentative de chantage dont vous avez été l'objet. J'attends votre lettre.

Xavier Musca va s'exécuter. Il écrit à Gilles Grapinet la lettre suivante, sur papier à en-tête du ministère des Finances :

« Monsieur le directeur de cabinet,

J'ai reçu hier, à sa demande expresse, Hughes de Lasteyrie. J'ai accepté de le recevoir sans en informer préalablement le cabinet.

Il a souligné qu'il venait me voir en tant que représentant de l'Etat pour que je porte le message qu'il était en mesure d'engager des actions compromettantes pour le ministre et susceptibles de "faire sauter la République".

Il m'a indiqué qu'il ne procéderait pas à ces divulgations si, dans le week-end, Sanofi acceptait d'entrer en négociation avec lui pour l'indemniser de la perte de 40 millions d'euros qu'il estime avoir subie à titre personnel dans l'affaire Rhodia.

Cette discussion a pris un tour inhabituel et grave, puisqu'un lien a été établi entre la réalisation de menaces et une transaction financière.

Je tenais à porter à votre connaissance ces informations. J'ai décidé pour ma part d'interrompre tout contact avec Hughes de Lasteyrie. »

Le nouveau ministre des Finances n'est pas au bout de ses surprises. Musca lui avouera un peu plus tard que ce n'était pas la première fois que Hughes de Lasteyrie lui avait rendu visite à Bercy mais la quatrième. Il l'avait reçu sous Francis Mer, sous Nicolas Sarkozy et sous Hervé Gaymard !

Plainte pour tentative de chantage et extorsion de fonds est déposée le lendemain auprès du procureur de Paris. Dans le cadre d'une enquête préliminaire, Hughes de Lasteyrie sera convoqué par la brigade financière le mardi 12 avril puis confronté à Xavier Musca. Lasteyrie donnera, bien entendu, une version beaucoup plus soft de sa démarche. « Comme Rhodia me refuse depuis des mois la discussion, comme Sanofi la refuse, il était normal pour moi d'aller voir le directeur du Trésor pour lui demander d'intervenir », a-t-il affirmé le 7 avril, au micro de la radio BFM.

Quelle était cette information susceptible de « compromettre le ministre » et de « faire sauter la République » ? On l'apprendra en lisant *Le Canard enchaîné* du mercredi suivant : le collège de l'Autorité des marchés financiers (AMF, ex-COB) a censuré son rapport sur l'affaire Rhodia en exonérant Thierry Breton de toute faute, au nom de la prescription, alors que ses enquêteurs étaient plus sévères avec l'ancien administrateur et président du comité d'audit.

Une ouverture dans laquelle se précipitera immanquablement le député socialiste imprécateur Arnaud Montebourg qui, dans une interview au *Parisien,* exige : « Thierry Breton doit s'expliquer[1]. » Comme à son habitude, le pêcheur en eaux troubles Montebourg ne fait pas dans le détail. Il s'appuie sur les propos d'un Hughes de Lasteyrie pour mettre en cause et Thierry Breton et la direction du Trésor. Il annonce la création d'une « mission d'enquête informelle ». Voir un député socialiste, même marginal, donner plus de crédit aux propos d'un requin de la haute finance, connu pour son cynisme, qu'à ceux du directeur du Trésor et du ministre des Finances, voilà qui en dit long sur l'état de la France, sur son rapport aux élites, en ce début de siècle !

---

1. *Le Parisien,* 25 avril 2005.

Chapitre 7

Chercher la femme et la trouver

Breton ? Fourtou ? Tirouflet ? Les oligarques russes ?
Les services secrets ? Qui encore ? Toutes les spéculations, toutes les hypothèses les plus folles vont passer soudain à l'arrière-plan le 15 mars 2005, lorsque les agences
de presse annoncent que l'assassin d'Edouard Stern a
été identifié, arrêté, et que, confondu par des preuves
irréfutables, il est passé aux aveux. Il s'agit d'une femme,
sa maîtresse, que les journaux suisses vont appeler pendant plusieurs jours « Cécile B. » en vertu des lois sur la
présomption d'innocence beaucoup plus sévères et
mieux acceptées en Suisse qu'en France.

Elle s'appelle Cécile Brossard, elle est française et elle
a trente-six ans. A 8 h 05, le 15 mars, le juge Michel-
Alexandre Graber l'a fait arrêter à son domicile, 6 route
du Lac, à Clarens, une commune voisine de Montreux,
sur la rive nord du lac Léman, dans ce qu'il est convenu
d'appeler la Riviera vaudoise, à l'opposé de Genève. Ce
n'est d'ailleurs pas son domicile : elle y est hébergée par
un certain Xavier Gillet, médecin de cinquante-sept ans,
dans un appartement de 160 m^2 situé dans une superbe
résidence, face au lac. Elle le présente comme son mari,
car ils ont convolé près de dix ans auparavant à Las
Vegas, dans ces *wedding chapels* qui plaisent tant aux tou-

ristes. Mais le mariage n'a jamais été enregistré en Suisse, ni d'ailleurs en France. Après avoir été son amant, Xavier Gillet est resté l'ami, le protecteur et le mécène de Cécile Brossard. Il est kyriothérapeute, spécialisé dans les médecines douces : il pratique l'acupuncture, la naturopathie, l'ostéopathie. Son cabinet, où se précipite une clientèle haut de gamme de jeunes femmes entretenues et de riches oisifs, se situe à quelques kilomètres de là, à Aigle, au bout du lac, au pied des montagnes. Son appartement à Clarens est luxueux, mais sans ostentation. A l'arrière, il donne sur la voie ferrée qui relie Genève à Lausanne, puis à Montreux et, au-delà, permet de rejoindre l'Italie par Aoste. Mais devant, depuis ses fenêtres avec balcon, plein sud, on voit l'autre rive du Léman, la rive française, avec, au loin, toute la chaîne des Alpes, dominée par le mont Blanc. C'est un paysage superbe, à couper le souffle. Notamment le matin, quand la brume se dissipe doucement au-dessus du lac et que le soleil rasant éclaire les sommets enneigés.

Mais ce matin-là, personne n'est sensible à cet environnement exceptionnel. La perquisition est conduite par le juge d'instruction Michel-Alexandre Graber en personne, accompagné d'une dizaine de policiers. Le juge a donné des consignes précises. La jeune femme et le médecin, qui dorment dans des chambres séparées, sont réveillés en sursaut. Cécile est priée de s'habiller. Elle est autorisée à prendre une douche et à faire sa toilette mais une inspectrice ne la quitte pas des yeux. Elle est sous haute surveillance car le juge craint un geste désespéré de sa part. Il lui signifie son inculpation – la mise en examen, invention française récente, n'existe pas en Suisse où on utilise l'ancien terme – pour assassinat.

C'est là l'incrimination maximale possible. Selon le

code pénal suisse, le terme d'assassinat signifie l'acte de « tuer intentionnellement une personne avec l'absence particulière de scrupules, notamment si le mobile, le but ou la façon d'agir est particulièrement odieux ». Il sera temps, ensuite, de requalifier l'inculpation en crime passionnel, selon les résultats de l'enquête[1]. Cécile Brossard est engouffrée dans une voiture de police, qui prend la direction du palais de justice de Genève, à une centaine de kilomètres de là. Sans même dépasser les limites de vitesse ni faire hurler ses sirènes. On est en Suisse, rien ne presse.

Dans son cabinet, le juge place Cécile Brossard devant des évidences : le seul trousseau de clés qui manque est le sien, la voiture qu'elle a empruntée à Xavier Gillet a été filmée entrant et sortant du parking, ses empreintes ont été trouvées sur la combinaison en latex d'Edouard Stern. Encore assommée par les somnifères qu'elle prend tous les soirs pour s'endormir, Cécile résiste un moment, nie contre toute évidence puis craque. En larmes, elle avoue qu'elle a tué son amant avec l'une de ses propres armes. Qu'en a-t-elle fait ? Elle explique qu'elle a jeté l'arme du crime ainsi que les clés de l'appartement dans un sac en plastique depuis un embarcadère à Montreux. Des plongeurs professionnels sont aussitôt réquisitionnés. Et tout le monde repart en sens inverse, direction Montreux. Elle montre l'endroit où elle a lancé le sac, le soir du crime. Les plongeurs le retrouveront rapidement. Celui-ci contient le trousseau de clés et non pas une arme, mais trois. C'est la preuve ultime, au-delà des empreintes, des indices et des aveux que Cécile Brossard a bien dit la vérité. Le juge parlera d'un « fais-

---

1. En Suisse comme en France, l'intéressée bénéficie de la présomption d'innocence tant qu'elle n'est pas jugée.

ceau d'indices concordants qui ne laissent pas la moindre part au doute ». Ramenée à Genève, la meurtrière est à nouveau longuement interrogée. Puis le juge signe son mandat de dépôt : elle est incarcérée à la prison de Champ-Dollon, à Thônex, près de Genève.

L'enquête a été rondement menée. Le succès est total. Les journaux suisses sont dithyrambiques. Jean-Noël Cuénod s'enflamme dans la *Tribune de Genève* : « Tout d'abord bravo ! Le travail fourni par la brigade criminelle sous la direction du juge d'instruction Michel-Alexandre Graber est exemplaire. Elucider de façon si nette et en si peu de temps une enquête aussi médiatique que celle du banquier Stern relève de l'excellence[1]. » Les quotidiens suisses regrettent cependant que le juge se soit contenté de diffuser un communiqué laconique à destination de la presse écrite, alors qu'il a accordé une interview à la télévision suisse romande. Elle déplore que l'absence de conférence de presse ait « nui à la fiabilité de l'information diffusée ». Une agence de presse a en effet livré une fausse identité de la meurtrière. Mais l'erreur a vite été rectifiée.

Qu'importe ces détails ? La démonstration est faite : le secret absolu imposé par le juge en vertu du code pénal suisse a montré toute son efficacité. L'enquête a bel et bien été conduite de main de maître. Comme le crime a été commis sans effraction, les policiers ont commencé par rechercher la septième clé. Trois d'entre elles ont été trouvées dans l'appartement, une quatrième dans une poche de la veste d'Edouard Stern, une cinquième était détenue par sa femme de ménage et la sixième était en possession d'un de ses associés,

---

1. *Tribune de Genève*, 18 mars 2005.

qui n'était pas là lors de la découverte du corps. Restait donc la septième. Très vite, en recoupant les témoignages, les enquêteurs apprennent qu'une jeune femme, proche de la victime, disposait d'une clé. Celle-ci est rapidement identifiée. Mais elle a disparu. Les enquêteurs découvrent qu'elle a fui à l'étranger. En Australie !

Surprise : le 5 mars, elle est de retour en Suisse. Elle reçoit une simple convocation, pour ne pas l'inquiéter, alors qu'elle est évidemment le suspect n° 1. Elle se rend donc à la brigade criminelle, en compagnie de son ami Xavier Gillet. Tous deux répondent aux questions apparemment anodines sur leur état civil, sur leurs relations, leurs avocats, leurs banquiers. On prend leurs empreintes digitales. Ils sont photographiés de face et de profil par les services de l'identité judiciaire. Cécile Brossard est ensuite entendue près de neuf heures – Xavier Gillet moins longtemps.

Les policiers ne montrent à son égard aucune agressivité particulière et semblent plutôt vouloir mettre l'un et l'autre en confiance. Puis tous deux sont remis en liberté, « faute d'éléments probants ». Il s'agit bien évidemment d'un piège. Elle est épuisée par son interminable voyage et par le décalage horaire. Elle est à bout de nerfs. Les enquêteurs savent qu'ils tiennent vraisemblablement la coupable. Mais a-t-elle agi seule ? Et quel est son vrai mobile ? Tout de suite après l'annonce, par la justice suisse, que la meurtrière est Cécile B., une rumeur se répandra dans Genève : Cécile B. serait à la fois une des maîtresses d'Edouard Stern et l'une de ses collaboratrices en affaires. Il se dit même qu'elle serait administratrice de sa société. On se demande si cette femme est concernée par les changements récents et inattendus à la tête du fonds d'investissement dont Stern a brusquement abandonné la présidence, quelques semaines avant sa mort. Plus prosaïquement, certains enquêteurs envisageront que Cécile ait pu servir de mouton ou de mulet à Stern. Dans les milieux de la haute finance genevoise, il arrive que l'on fasse appel à des call-girls pour convoyer des valises de cash à travers les frontières. Il arrive aussi que certaines d'entre elles cherchent à s'emparer du magot et à disparaître.

En prenant le risque de relâcher Cécile, les enquêteurs cherchent à obtenir plus de renseignements, à accumuler les preuves. La jeune femme est soumise à un contrôle judiciaire strict, qui lui interdit de quitter la Suisse et qui l'oblige à faire savoir, tous les jours, où elle se rend. Xavier Gillet, lui, reste libre de ses mouvements. C'est sans doute une erreur du juge d'instruction car, peu après, Xavier Gillet, accompagné d'un couple, se rendra à Nanteuil-le-Haudouin, à côté de Roissy, dans la maison de Cécile Brossard.

Pour y faire quoi ? Ils sont venus avec une Range Rover marron et un coupé Mercedes, celui de Cécile qu'elle avait laissé au parking de l'aéroport de Roissy. Ils sont restés jusqu'au dimanche à 10 heures du matin avant de repartir ensemble. Curieux voyage.

Mais Xavier Gillet est un personnage secondaire. La cible, c'est Cécile Brossard. Elle et son ami sont placés sur écoute, ainsi que leurs proches, leurs banquiers et... leurs avocats. Elle est suivie en permanence. Une vingtaine d'inspecteurs de la brigade criminelle de Genève suivent ses moindres faits et gestes. Ils travaillent pratiquement jour et nuit.

Dès que son nom est connu, les journalistes vont se précipiter pour tenter de savoir qui est cette Cécile Brossard. Ceux de RTL découvrent très rapidement son père,

Michel Brossard. Celui-ci, qui fut publicitaire, puis consultant en ressources humaines, dédouane vaguement sa fille : « Il est évident qu'elle est complice, c'est clair, mais dans mon esprit elle ne peut pas être coupable. » Il ajoute : « Je ne pense pas que ce soit elle qui ait tiré quatre balles, parce que Cécile est suffisamment intelligente, si elle avait dû se débarrasser de son ami, avec les pratiques qu'ils avaient, il y avait certainement d'autres moyens bien plus intelligents. »

Michel Brossard assure enfin n'avoir jamais entendu parler d'Edouard Stern avant le meurtre : « J'ai appris son existence par les médias. »

Rien d'étonnant à cela. Car ce que Michel Brossard oublie de dire, c'est qu'il n'a pas vu sa fille depuis huit ans et que, pendant cette période, il ne lui a parlé au téléphone que de façon très épisodique ! Ils se sont définitivement brouillés en 1996 ; Cécile a alors vingt-sept ans. Les propos que ce père tient alors à l'antenne et hors antenne sur sa fille sont particulièrement ignobles. Il explique que, jeune adolescente, elle s'habillait avec des jupes trop courtes et des corsages trop échancrés et que, plus tard, elle a vécu de ses charmes comme une call-girl de luxe. Quittant le domicile paternel à Conflans-Sainte-Honorine, dans le grand Ouest parisien, après le divorce de ses parents, elle aurait fait de vagues études d'anglais, avant de partir travailler comme serveuse dans un hôtel-restaurant au nord de Londres, fréquenté par des gens de la télévision et du spectacle, où elle se montre peu farouche. Elle revient en France et trouve un travail, toujours de serveuse, au restaurant Elitair Maxim's de l'aéroport Charles-de-Gaulle à Roissy. Petite promotion : elle quitte le service de salle pour devenir vendeuse dans une boutique de luxe, en duty free. C'est à cette époque, disent ses détracteurs, qu'elle aurait commencé à avoir des relations tarifées avec des hommes d'affaires de passage, qu'elle retrouve au grand hôtel Scribe, à deux pas de la place de l'Opéra.

On ne prête qu'aux riches : avec un père qui se répand sur les ondes en affirmant que sa fille est une catin, alors qu'elle est enfermée, traumatisée, en larmes, selon ses avocats, la presse brodera très vite. On peut lire ainsi que Cécile Brossard a fait partie du réseau de prostituées de luxe dirigé par Margaret McDonald[1]. Une de ses amies, parmi les plus proches, rectifie le tir : « Cécile n'était pas une pute, elle était tout simplement une fille délurée, fêtarde et bonne baiseuse, mais pas plus que moi et que beaucoup de jolies filles plutôt extraverties, de son âge et de cette époque. »

Où est la vérité ? Peut-être entre les deux. Est-ce avec son seul salaire, en servant les clients de l'Elitair Maxim's ou en vendant de la maroquinerie de luxe que Cécile Brossard a pu acheter, en 1993, une maison, 8, rue Chatelier, à Nanteuil-le-Haudouin, un petit village de 3 250 habitants, dans l'Oise, choisie pour sa proximité avec l'aéroport de Roissy ? Certes, le prix d'achat est modeste, la maison petite et délabrée. Mais elle l'améliorera peu à peu, en y faisant faire des travaux importants, dont elle négocie rudement le prix avec les artisans locaux. Elle y installe notamment deux salles de bains, un sauna et un jacuzzi. Lorsque ses voisins de Nanteuil lui posent des questions, elle assure que son père l'a abandonnée. Quant à sa mère, elle n'en a jamais parlé à personne.

---

1. Cette Mme Claude britannique, qui sévissait en France, a été condamnée le 23 octobre 2003 à quatre ans de prison ferme et 150 000 euros d'amende pour proxénétisme aggravé.

Chapitre 8

Fuite en Australie

Affaire bouclée ? Pas vraiment. Car il reste de nombreuses zones d'ombre. En particulier sur le comportement erratique de Cécile, pendant les trois jours qui ont suivi son crime. En effet, dans la nuit du 28 février au 1er mars, après avoir tiré quatre balles dans le corps d'Edouard Stern, Cécile Brossard a pris les trois revolvers – y compris l'arme du crime – qu'elle avait manipulés ce soir-là, dans un jeu funèbre avec son amant, et qui portaient toutes ses empreintes. Elle les a fourrés dans un sac en plastique. Elle a ramassé les quatre douilles qu'elle a mises dans sa poche. Dans un état second, selon ses avocats, elle est sortie, a claqué la porte, puis a glissé la clé dans le sac qui contenait les revolvers. Elle est descendue au parking par l'ascenseur, a récupéré la Mini de Xavier Gillet qui la lui prête souvent lorsqu'elle est en Suisse, puis elle est sortie avec son passe, direction l'autoroute vers Lausanne puis Montreux. En chemin, elle téléphone à son protecteur qui, aussitôt après, appelle les chemins de fer suisses pour lui réserver une place dans le train de nuit Montreux-Milan de 23 h 40. Elle jette ses bottes et son fouet dans une poubelle. Puis elle gare sa voiture, s'engage sur le promontoire en bois qui avance dans le lac et jette dans l'eau le sac en plastique contenant les trois revolvers et les clés d'Edouard Stern.

Cécile Brossard se rend ensuite à Clarens, explique à Xavier Gillet qu'elle s'est horriblement disputée avec Edouard Stern et lui a annoncé qu'elle partait pour ne plus revenir. Elle enfourne quelques affaires dans une valise à roulettes, y compris sa tenue de dominatrice. Xavier Gillet récupère sa Mini et l'accompagne jusqu'à la gare de Montreux où il la dépose. Mais voilà qu'à l'intérieur de la gare, si l'on en croit son récit, complètement bouleversée, Cécile... se trompe de quai. Au lieu de prendre le train de nuit pour Rome où elle souhaitait se rendre, elle monte dans le tortillard local de 23 h 33. Elle s'en rend compte lorsque son train sort de la gare de Montreux. Elle descend, affolée, à l'arrêt suivant, une vingtaine de kilomètres plus loin. C'est le terminus. Elle se retrouve dans la commune de Villeneuve, là où le Rhône se jette dans le Léman. Tous les Vaudois sont couchés : il n'y a bien entendu personne à 23 h 30, dans ce coin du bout du monde. Personne sauf un jeune homme qui est descendu du train en même temps qu'elle. Cécile, qui se dit totalement affolée, pense tout de même à ne pas utiliser son téléphone portable : elle emprunte celui du jeune homme pour appeler la compagnie des taxis du Lac, à Montreux. Il est minuit moins vingt. Le taxi vient la prendre devant la gare de Villeneuve. Elle s'adresse au chauffeur, Rodovan Milic :

– Monsieur, j'ai raté mon train pour Rome !

– Mais je ne peux pas vous emmener à Rome.

– Non, bien sûr, mais le train passe par Aoste. Pouvez-vous aller jusque-là ?

– Non, c'est à plus de 120 kilomètres. C'est trop loin. Il faut passer par le Saint-Gothard.

– Je vous en prie, supplie Cécile, conduisez-moi à Aoste.

Rodovan Milic va finir par se laisser convaincre. A condition d'avoir l'assurance d'être payé. Elle lui montre qu'elle a de l'argent et lui demande de garder le secret sur sa course, s'il est, plus tard, interrogé. Le voyage se déroule sans encombre mais, arrivé à Aoste, elle apprend que le train de nuit Genève-Rome ne s'y arrête pas. Le chauffeur de taxi veut la planter là, au milieu de la nuit. Elle le supplie à nouveau de la conduire, au moins jusqu'à l'aéroport de Milan. Il lui propose de la reconduire à Montreux pour qu'elle aille dormir et reporte son voyage au lendemain. Rien n'y fait. Elle insiste. Le chauffeur rechigne, mais cède, en lui demandant, bien entendu, une rallonge. Cécile va lui verser ainsi 1 200 francs suisses (800 euros) au fur et à mesure de sa course. Avant d'arriver à Milan, elle se rend compte qu'elle détient encore les quatre douilles. Elle les jette par la fenêtre entrouverte. Lorsqu'ils arrivent à Milan, il est quatre heures du matin. L'aéroport est fermé. Cécile est désemparée. Selon le chauffeur, elle se rue sur la baie vitrée en hurlant. Elle lui demande alors de la conduire jusqu'à Rome. Cette fois-ci, Rodovan Malic commence à s'inquiéter. Il refuse et plante Cécile devant l'aéroport pour retourner à Montreux. Cécile reste dehors, dans le froid et dès l'ouverture des portes, elle se précipite pour trouver le premier avion pour Sydney. C'est un vol d'Austrian Airlines qui passe notamment par Vienne. Elle prend un aller simple. Le vol décolle à 9 h 30. Dès l'escale de Vienne, une heure et demie après son décollage de Milan, Cécile appelle son banquier pour obtenir la levée du séquestre sur son compte. Car pendant deux mois, un motif de tension s'était ajouté aux autres entre les deux amants. Edouard avait donné un million de dollars à Cécile Brossard. Pour lui permettre, disait-il, de prendre son indépendance. Mais cet argent, au lieu d'arranger les choses, les envenime. Et mi-février, Stern avait fait opposition en demandant à la justice suisse de bloquer l'argent.

Mais pourquoi l'Australie ? Elle y est déjà allée, avec Stern, qui avait des intérêts viticoles là-bas. Mais ce n'est pas la raison de son choix. Un de ses amis, Albert Benhamou, celui-là même qui lui a présenté Edouard Stern quatre ans plus tôt, lui avait dit un jour en plaisantant, quand elle se plaignait de l'attitude perverse de son amant à son égard : « Tu ferais mieux d'aller au bout du monde, en Australie. » Cette phrase et cette destination s'étaient-elles inscrites dans son subconscient ? Interrogée par le juge, elle répondra simplement : « Je voulais aller le plus loin possible. »

Le voyage de Milan à Sydney dure près de vingt-quatre heures. Compte tenu du décalage horaire, elle arrive à destination le lendemain 2 mars en fin d'après-midi. Elle a dormi pendant tout le vol, assommée par les cachets de Lexomil qu'elle a absorbés. Elle prend une chambre dans un hôtel de l'aéroport. Et là, elle va passer des coups de fil, en prenant toujours bien soin de ne pas utiliser son portable. Elle téléphone à son ami Bob Benhamou. Lui donne le numéro de son hôtel et de sa chambre, demandant de la rappeler. Elle fait de même avec son avocat et son banquier. Ainsi qu'avec son protecteur Xavier Gillet. Tous sont vraisemblablement sur écoute car ses appels figureront dans la procédure.

Le coup de fil à Benhamou prend celui-ci par surprise :

– Je suis en Australie. Est-ce que tu peux me rappeler ?

– Qu'est-ce que tu fous là-bas ?

– Je suis partie. Rappelle-moi.

Cécile donne alors le numéro de téléphone de son hôtel (indicatif 62) ainsi que son numéro de chambre. Bob la rappelle immédiatement :

– Mais qu'est-ce que tu as été foutre en Australie ? Où es-tu ?

– A l'hôtel, à Sydney. Je me suis encore engueulée avec Edouard. Ça a été pire que tout. C'est fini, je n'en peux plus.

– Mais où es-tu ? Tu connais du monde à Sydney ?

– Non. Je suis partie comme ça, au bout du monde. J'ai pris le premier avion, pour aller le plus loin possible.

– C'est idiot, il faut que tu rentres tout de suite.

– Mais je ne veux plus le revoir...

Elle n'appelle pas Fabienne Servan-Schreiber. C'est la sœur d'Edouard qui, sans savoir évidemment que Cécile se trouve en Australie, la joint sur son portable, depuis Méribel où elle est en vacances avec ses enfants et son compagnon Henri Weber. Elle venait de recevoir un coup de fil de Philippe Stern, l'oncle d'Edouard, qui l'appelait depuis l'aéroport de Roissy. Lui-même, premier Stern piqué dans l'annuaire, venait d'être prévenu par un policier suisse que « le corps d'un homme de grande taille avait été retrouvé mort, vraisemblablement assassiné, dans l'appartement de son neveu à Genève ». On lui avait demandé de venir au plus vite reconnaître le corps. Fabienne a compris. Elle ira à Genève, elle aussi, le lendemain, pour, le jeudi, reconnaître le corps de son frère. Elle n'y va pas par quatre chemins :

– Cécile, c'est Fabienne. Je t'appelle parce qu'il est arrivé quelque chose de très grave à Edouard.

Cécile joue la surprise :

– Quoi donc ? Il a eu un accident de voiture ?

– Non. Il est mort. Il a été tué dans son appartement de Genève. Assassiné.

– C'est pas possible ! Mais c'est horrible ! Que s'est-il passé ?

– On n'en sait rien. Son oncle Philippe descend à Genève pour reconnaître le corps. Moi aussi, je pars tout de suite. Je suis à Méribel. Où es-tu ?

– Je suis... en Australie.

– En Australie ? Mais pourquoi ?

– Pour des trucs personnels. C'est épouvantable ! Je prends le premier avion et j'arrive. Je dois porter le deuil.

Cécile Brossard avait des sanglots dans la voix. L'avocat de la famille Stern dira plus tard que la meurtrière avait réagi « avec un cynisme éhonté ». Artiste amateur, ce jour-là elle a en tout cas dévoilé des talents de comédienne professionnelle.

A-t-elle épuisé l'argent liquide qu'elle avait emporté dans son périple ? Refuse-t-elle d'utiliser sa carte de crédit ou bien celle-ci a-t-elle dépassé son plafond de dépense ? Toujours est-il que c'est Xavier Gillet qui va lui payer son billet de retour. Il achète à l'agence de voyage Laser Tours, avenue des Planches à Montreux, un billet d'avion Sydney-Zurich, sur la Lufthansa, pour 2 266 francs suisses.

Avant de repartir, Cécile Brossard va prendre une décision qui reste, à ce jour, incompréhensible. Elle met dans un paquet les vêtements qu'elle portait le soir du meurtre : en particulier un pantalon de cuir marron, un corset, des jambières et des lacets, tous en cuir, un tee-shirt, un petit haut, des bas noirs, ainsi que divers objets. Et elle dépose tout l'attirail de la parfaite dominatrice à la poste de l'aéroport en adressant le paquet, accompagné d'une lettre cachetée, à son oncle et à sa tante, qui habitent en Meurthe-et-Moselle, les seuls membres de sa famille avec lesquels elle entretient encore des relations[1].

Cécile Brossard restera en tout moins de vingt-quatre heures en Australie, sans quitter la zone de l'aéroport de Sydney. Le temps que Xavier Gillet achète le billet de retour, aux heures – européennes – d'ouverture de l'agence de Montreux. Elle prend un vol qui fait escale à Singapour. Tous les passagers sont priés de rejoindre la zone de transit, le temps de nettoyer l'avion et de refaire le plein de carburant. Dans cette zone hors douane, Cécile Brossard a soudain une crise de nerfs à la lecture du *Figaro* qui annonce, à la une : « Mort suspecte du banquier Stern. » Un médecin est appelé. Il hésite à l'autoriser à poursuivre son vol et lui prescrit des sédatifs.

Surprenante réaction que cette crise de nerfs. Comme si Cécile avait pris conscience seulement à ce moment-là de la gravité de son acte. Ce regard extérieur, celui des journaux, l'a fait revenir sur terre. Le titre du *Figaro* l'a sortie de son dialogue de mort avec Edouard : elle se réveille du rêve dans lequel elle s'était réfugiée, à coups d'anxiolytiques. Elle se rend compte de l'irréversibilité de sa situation. C'est du moins la version favorable, celle que servent ses amis et ses avocats.

Car Cécile, toute déstabilisée qu'elle est, appelle alors, à nouveau, son banquier et l'un de ses avocats. Puis elle joint son oncle à Nancy et lui demande de

---

1. Pendant plusieurs jours, sur la foi des déclarations d'un avocat, les journaux écriront que le paquet adressé depuis Sydney à son oncle et à sa tante contenait une tenue sadomasochiste analogue à celle que portait Edouard Stern, c'est-à-dire une combinaison en latex, ainsi que des objets sexuels.

venir l'attendre à l'arrivée du vol Lufthansa à Zurich, le lendemain matin. L'oncle et la tante sont manifestement très proches de leur nièce puisqu'ils donnent aussitôt leur accord. Ils prennent la route pour Zurich où ils passent une courte nuit dans un hôtel proche de l'aéroport. Et le 4 mars, tôt le matin, ils l'accueillent à sa descente d'avion. Cécile, qui est désormais repérée et attendue par la police helvétique, passe les formalités sans encombre. Tous trois partent immédiatement pour Clarens, où ils la déposent chez son « mari » Xavier Gillet. Le couple repart aussitôt en Lorraine. Voilà des parents de bonne composition. Car ils ont tout de même fait, pour ses beaux yeux, un périple de quelque 850 kilomètres en moins de vingt-quatre heures.

Le récit que Cécile a fait de son voyage éclair en Australie, repris par ses avocats, est truffé d'incohérences et d'invraisemblances. Pourquoi vouloir aller en train à Rome pour prendre un avion à destination de l'Australie, lorsqu'on est à Montreux ? Il est bien plus simple de vouloir rejoindre Zurich ou Genève. Et si Cécile répugnait à laisser la trace de son départ dans un aéroport suisse, d'autres grandes plates-formes, comme celles de Munich ou même de Paris, en TGV, sont plus proches que Rome. Il est vrai qu'elle n'avait pas de voiture à elle et que le train de nuit est sans doute le moyen le plus discret de passer les frontières. Et qu'à minuit, aucun aéroport européen n'offre le moindre vol à destination de l'Australie : tous partent dans la matinée pour arriver à destination le lendemain soir.

Et que dire de ce paquet contenant les vêtements de maîtresse sexuelle qu'elle portait le soir du meurtre ? En toute logique, elle aurait pu s'en débarrasser en les jetant dans le lac, en même temps que les revolvers et les clés. Elle aurait pu les abandonner n'importe où, à Milan, à Bangkok, à Sydney ou à Singapour. A-t-elle voyagé dans cette tenue ? A-t-elle attendu de pouvoir acheter d'autres vêtements pour se débarrasser de ceux-là ? Mais pourquoi avoir voulu les récupérer plus tard, en les adressant à son oncle et à sa tante ? Comment a-t-elle pu imaginer qu'ils les garderaient, sans prévenir personne ? Et pourquoi être revenue si vite sur les lieux du crime et se jeter ainsi dans la gueule du loup ?

Pour ses avocats, la réponse à ces questions est limpide : désespérée d'avoir tué l'amant qu'elle aimait par-dessus tout et qui la provoquait sans cesse, avec des mots blessants, Cécile Brossard a perdu tout contrôle d'elle-même. Elle a donc fait n'importe quoi et il ne faut pas chercher la moindre logique dans son comportement pendant les heures et les jours qui ont suivi son forfait. « Elle ne se souvient pas de ce qu'elle a fait en Australie ni pourquoi elle a envoyé un paquet à son oncle et à sa tante à Nancy », dira Me Pascal Maurer, l'un de ses avocats. Cette thèse a un avantage évident : le désarroi de la meurtrière permet de plaider les circonstances atténuantes. Selon le droit suisse, « l'émotion violente, excusable, ou le désarroi » dans le cadre d'un crime passionnel pourraient limiter à cinq ans de prison le quorum de peine susceptible de lui être infligée, tandis que le meurtre avec préméditation, commis de sang-froid, c'est-à-dire l'assassinat, inculpation retenue par le juge Graber, peut entraîner la réclusion criminelle à perpétuité.

C'est pourquoi le soupçon d'un comportement erratique de Cécile Brossard qui aurait été planifié à l'avance, par d'éventuels commanditaires, a aussitôt germé chez les membres de la famille d'Edouard Stern, partie civile. Condamnée au maximum de cinq ans de prison, Cécile, selon eux, sortirait au bout de trois ans et toucherait alors l'argent du « contrat » promis par ses commanditaires, russes ou français.

Ce soupçon est nourri par un certain nombre de décisions prises par Cécile Brossard entre le 5 mars, date de sa première audition, et le 15 mars, date de son arrestation, décisions qui montrent qu'une partie d'elle-même a bien gardé les pieds sur terre. Assignée à résidence en Suisse, elle demande à pouvoir se rendre aux obsèques parisiennes d'Edouard Stern, le 7 mars, ce qui lui est refusé. Elle assistera, de loin, sans se faire remarquer, à son inhumation, trois jours plus tard, dans le cimetière juif de Veyrier. Pendant cette courte période, elle logera soit à Clarens, dans l'appartement qu'elle partage avec Xavier Gillet, soit elle ira se cacher à Gstaadt, où est installée l'ex-épouse de celui-ci. Le 7 mars, au moment même où se tient la cérémonie à la synagogue de Chasseloup-Laubat, elle appelle un notaire de l'Oise, Me Jean-Louis Hainsselin, pour vendre sa maison de Nanteuil-le-Haudouin à Xavier Gillet. En viager ! Transaction curieuse, en tout cas du point de vue du kyriothérapeute, que d'acheter une maison en viager à une femme âgée de trente-six ans, avec près de quarante-cinq ans d'espérance de vie devant elle... On a vu que Xavier Gillet, qui n'est pas soumis au même contrôle judiciaire que Cécile, se rend à Nanteuil le lendemain de sa première garde à vue. Les enquêteurs ont retrouvé la trace de son passage grâce à ses factures de carte bleue : il a dépensé 262 euros à l'aéroport de Roissy, notamment pour louer une voiture. Xavier revient en Suisse avec les papiers nécessaires que Cécile signera, à la date du 11 mars. La transaction se fera à Nanteuil-le-Haudouin, chez le notaire, par procuration de la part de

Cécile. Le maire de Nanteuil, Philippe Dupille, s'étonnera de cette vente pour 122 000 euros à raison de 5 600 euros par an. Dans la foulée, Cécile transfère son adresse officielle à Nanteuil, ce qui lui vaut d'être enfin inscrite sur les listes électorales...

Entre la thèse d'une Cécile Brossard brisée par la douleur d'avoir tué son amant au point de faire n'importe quoi et celle, non évoquée mais très présente, selon laquelle elle aurait été très intelligemment manipulée et jouerait la comédie pour n'écoper que d'une courte peine – en une manière de crime parfait pour ceux qui l'auraient commandité, le juge Michel-Alexandre Graber n'a, manifestement, pas fait sa religion. Il refuse toujours de rencontrer la presse mais publie, le dimanche 20 mars, un bref communiqué dans lequel il justifie l'interdiction faite aux avocats d'avoir accès au dossier, une mesure qui doit, selon lui, « permettre à l'Instruction, qui en est à sa phase initiale, de se dérouler dans des conditions optimales ». Le juge affirme que « des zones d'ombre doivent être explorées », précise qu'elles ne concernent pas l'homicide lui-même, « mais plutôt la nature des mobiles qui ont amené l'inculpée à commettre son acte, de même que le déroulement des faits, dans les heures qui ont suivi » le meurtre. La mesure de suspension, promet-il, sera levée « dès que les deux zones d'ombre auront été levées et, au plus tard, à la fin du mois[1] ».

En outre, le communiqué du juge Graber apporte une précision qui va soulager beaucoup de monde :

---

1. La mesure de suspension absolue sera en fait prolongée une nouvelle fois, « en l'état, jusqu'au 15 avril », en attendant les résultats des analyses balistiques.

« Le carnet d'adresses de l'inculpée, qui a été saisi dans le cadre de l'enquête ne paraît pas impliquer des personnalités en vue. » Les journalistes sont déçus, à double titre, car le juge ajoute que Cécile Brossard, présentée par toute la presse au mieux comme un ex-mannequin, plus souvent comme une call-girl, n'est pas fichée à la brigade des mœurs de Genève « comme faisant partie du monde de la nuit ».

L'un des éléments les plus bizarres, à ce moment de l'enquête, est bien l'envoi, par Cécile Brossard, depuis Sydney, du paquet contenant sa panoplie de parfaite maîtresse en cuir. Ainsi que cette montre de Stern qu'elle avait échangée contre la sienne, en gage d'amour, le soir de sa mort et qu'elle aurait oubliée dans la voiture de son oncle, au terme de sa folle équipée.

Quel rôle exact ont joué l'oncle et la tante, un couple en apparence très paisible ? Le doute s'instille lorsque le *Journal du Dimanche*, sur la foi de « sources policières », écrit qu'une « forte somme d'argent aurait été retrouvée en possession de l'oncle et de la tante[1] » de Cécile Brossard. Une information que démentira catégoriquement Gérard Michel, l'avocat du couple. Il se confirme en revanche que l'oncle et la tante ont été entendus la veille par la brigade criminelle de Genève, mais à titre de simples témoins. Il se confirme aussi que l'oncle de la jeune femme s'est rendu la semaine précédente à Genève pour remettre à la police la montre qu'Edouard Stern portait le soir de sa mort et que Cécile avait oubliée dans sa voiture, au retour de son périple australien, alors qu'ils ignoraient l'implication de leur nièce dans le meurtre

---

1. *Journal du Dimanche,* 27 mars 2005.

d'Edouard Stern. Mais pourquoi Cécile est-elle partie en Australie avec la montre de son amant assassiné ? Autre bizarrerie : selon Gérard Michel, l'avocat du couple, c'est à la demande de Cécile qu'ils ont rendu la montre. Mais Cécile était alors en prison ! On apprendra plus tard que le juge lui avait donné l'autorisation de leur téléphoner. Quant au fameux paquet de vêtements que le juge Graber veut récupérer en adressant une commission rogatoire internationale auprès du tribunal de grande instance de Nancy, il a été remis spontanément par le couple à la police française. Les policiers lui ont dit qu'il s'agissait de vêtements fétichistes, d'où l'ambiguïté, relayée par les médias, d'une autre combinaison de latex (ce qui n'avait au demeurant guère de sens car deux personnes engoncées chacune dans une combinaison de latex ne peuvent se faire ni grand plaisir ni grand mal !). Le couple de Nancéiens est totalement mis hors de cause et, à l'inverse, chaudement félicité pour sa coopération avec la justice helvétique.

Les avocats se plaignent d'être toujours systématiquement tenus à l'écart de l'instruction. « Ni l'accusée ni son avocat n'ont accès au dossier, nous obtenons les informations par bribes », déplore ainsi Pascal Maurer, lequel va néanmoins commencer à donner la version de sa cliente qu'il a vue l'avant-veille, pendant trois heures, dans le parloir de la prison : « Cécile Brossard a agi dans un moment de folie. C'est une femme désespérée, qui pleure beaucoup, et qui a tué l'homme qu'elle aimait. » Deux jours plus tard, le mardi 22 mars, après une audience de la chambre d'accusation qui, en cinq minutes et en l'absence de la jeune femme, a prolongé sa détention provisoire de trois mois, son avocat livre quelques détails sur les relations du couple : « M. Stern lui faisait régulièrement manipuler ses armes, déclare-t-il, à sa sortie du palais de justice. Ils avaient une relation étrange qui ne rentre pas dans les critères communs des relations amoureuses [...]. Il y avait des mœurs particulières. Quand j'aurai plus d'explications, je vous dirai si elle était sadomasochiste ou pas. »

La ligne de défense est claire : le meurtre présente « tous les éléments a priori d'un crime passionnel et non pas d'un assassinat ». Et de préciser que Cécile Brossard « explique son geste par un moment de désespoir, d'émotion intense, de réaction à des manipulations, à des provocations, à des déceptions ». Selon l'avocat, Edouard Stern, « quand elle s'éloignait de lui, il la persécutait pour qu'elle revienne, il la harcelait, elle revenait, elle l'aimait, et après il la rejetait ». Vieux comme tous les couples qui s'aiment et se déchirent.

Reste à comprendre comment ce beau et richissime fils de famille, qui pouvait conquérir – ou acheter – tous les cœurs ou tous les corps, a-t-il pu entrer dans une relation si fusionnelle et si douloureuse avec une femme ni très jeune ni très jolie – même si elle a, comme on dit, du chien – issue d'un milieu modeste, n'ayant pas fait d'études. En posant cette question à l'une de leurs amies communes, j'ai été sidéré d'entendre la réponse, proférée tout naturellement, comme s'il s'agissait d'une évidence : « Leur histoire commune, c'était la maltraitance. Enfants, ils avaient été l'un et l'autre maltraités, au moins moralement. Ils en parlaient ensemble, dans leur intimité. Ils en souffraient ensemble. »

Chapitre 9

Maltraitance rue Barbet-de-Jouy

Maltraitance ? Rien dans ce que l'on connaissait de l'enfance d'Edouard Stern ne pouvait permettre de l'imaginer. La guerre, il ne l'a jamais connue : il est né à Neuilly-sur-Seine, à midi, « exactement au douzième coup de l'horloge », selon ce qu'il disait volontiers, le 18 octobre 1954, neuf ans après le retour de son père et de ses oncles en France. En 1939, sa grand-mère paternelle avait fui le nazisme en installant sa famille à New York, où elle avait assuré la subsistance de ses trois garçons en travaillant comme vendeuse chez Bergdorf Goodman. Dès la fin de la guerre, la famille est revenue à Paris et a repris possession de ses biens « aryanisés » pendant l'occupation. Ses parents s'étaient mariés le 12 avril de la même année, six mois plus tôt. Edouard était-il prématuré ou ses parents ont-ils régularisé une situation, comme on le disait à l'époque ? Y a-t-il un autre mystère derrière sa naissance ? « A l'évidence, non, explique une proche. Car si Edouard Stern avait eu un doute sur sa paternité, il l'aurait crié sur les toits. »

Son père, Antoine, Jean, Elie Stern, a alors vingt-neuf ans. Il est l'héritier d'une dynastie bancaire juive, prospère dès le siècle dernier, issue du même quartier de Francfort que les Rothschild. Jadis, les Stern siégeaient au conseil de la banque de l'Empire, à Berlin. Il compte parmi ses ancêtres Achille Fould, ministre de Napoléon III. La mère d'Edouard, Christiane Laroche, fille d'un ambassadeur de France à Varsovie, est une jeune femme ravissante, légère et mondaine, totalement égocentrique, qui « a successivement épousé deux imbéciles... », dira un jour Edouard, jamais avare de formules qui tuent. Aimable pour son père ! Et pour Jean-Claude Servan-Schreiber, gaulliste de combat, éternel séducteur – il a aujourd'hui quatre-vingt-sept ans –, ancien député UNR, et cousin germain de Jean-Jacques Servan-Schreiber, le fondateur de *L'Express*. Premier mari de Christiane Laroche, dont il eut deux filles, Sophie et Fabienne Servan-Schreiber. Christiane Laroche n'aura pas d'autre garçon qu'Edouard Stern puisqu'elle donnera naissance, trois ans après lui, à sa troisième fille, Marguerite.

La famille, qui vit dans un superbe hôtel particulier, rue Barbet-de-Jouy, dans le quartier des Invalides, avec sept domestiques, tient le haut du pavé. Elle est alliée aux Goldschmidt, aux Rothschild, aux Fould, ainsi, bien entendu, qu'aux Servan-Schreiber. Christiane ne porte jamais deux fois ses tenues de soirée qu'elle achète chez les plus grands couturiers, avec un faible pour Dior, Chanel, Courrèges et Givenchy. Elle les donne à ses amies avec qui elle prend le thé l'après-midi – elle ne joue pas au bridge, une activité trop cérébrale pour elle. En réalité, elle leur vend ses toilettes à bas prix, pour grappiller un peu d'argent en marge de ce que lui donne son mari. La plus proche de ses amies, aussi futile qu'elle, s'appelait Jacqueline de Miremont. Mannequin à succès, elle avait dû cesser de défiler après son mariage avec Alex de Miremont.

Christiane est parfaitement à son aise dans ce milieu où les jolies femmes ne pensent qu'à leurs toilettes, savent séduire et se faire épouser par de riches fils de famille, souvent à particule.

En apparence, Christiane Stern adore son seul fils. Ses enfants n'offrent d'intérêt en réalité que par rapport à elle. Elle est comme beaucoup de grandes bourgeoises des années cinquante : mondaine, elle a délégué l'éducation d'Edouard à sa nurse, Lisbeth, mi-Allemande, mi-Polonaise, tandis qu'elle organise des dîners parisiens très courus et se perd dans les turbulences d'une vie superficielle. Lisbeth – « Lili » – a été sa propre nurse, lorsque son père était ambassadeur à Varsovie. Elle s'occupe maintenant des enfants. Elle fait partie de la famille. C'est elle qui réveille Edouard, l'habille, le nourrit, c'est elle qui joue avec lui et qui le câline. Tandis que sa mère n'est jamais si fière de lui que quand elle montre l'enfant à ses amies...

Avec son père, les relations d'Edouard sont pires encore. Antoine Stern est un personnage étrange. Etouffé par sa femme et ravi de l'être. Elle est extravertie pour deux. Lui ne porte intérêt qu'à la chasse, à ses voitures et à ses maîtresses. Il gère la banque Stern en dilettante. Quand Edouard est bébé, il ne s'y intéresse pas, comme beaucoup d'hommes, particulièrement à cette époque. Mais lorsqu'il est enfant puis garçonnet, il reste vis-à-vis de lui tout aussi distant. Entre les affaires et les parties de chasse, Antoine parlait plus à ses labradors qu'à son fils. Il était capable de faire le trajet Paris-Dinard dans sa Jaguar, avec Edouard à ses côtés (à l'époque, il n'y avait pas de ceintures de sécurité et les enfants n'étaient pas relégués à l'arrière lorsque la place avant était libre), sans lui dire trois mots. En raison de sa froideur naturelle ?

De sa timidité ? De son caractère taciturne ? Ou pour d'autres raisons, plus personnelles ? Antoine Stern, de l'avis général, est surtout stupide, plus stupide encore que Maurice Stern, son propre père. Fier de son « milieu », fermé au monde et aux autres, inapte à aimer et même à communiquer. La seule personne brillante de la famille est la mère d'Antoine et la grand-mère d'Edouard : Alice Stern.

Peut-être Edouard se fait-il aussi son propre cinéma. Mais il racontera plus tard d'étranges anecdotes, quand très rarement il se livrait. Comme celle-ci : un jour, il accompagnait son père à la chasse pour une battue. Epuisé à courir derrière celui-ci, qui traquait le gibier à travers bois sans s'arrêter ni même se retourner, il tombe dans un étang. Son père ne s'en est même pas rendu compte et c'est son oncle Philippe Stern qui l'en a sorti. Et son père, qu'il a retrouvé un peu plus tard, n'a manifesté aucune émotion, du moins selon le souvenir qu'en avait Edouard.

Règne dans cet hôtel particulier de la rue Barbet-de-Jouy une atmosphère pesante. Voire oppressante. Elle est admirablement évoquée dans un livre titré *Les Orphelins*, curieusement paru au moment même de la mort d'Edouard Stern[1]. Son auteur : Hadrien Laroche, fils de Claude Laroche, cousin germain de Stern et de ses trois sœurs. Ce conseiller culturel au ministère des Affaires étrangères, qui a cohabité jadis rue Barbet-de-Jouy avec Edouard, de sept ans son aîné, a toujours été fasciné par son cousin qui, dit-il, ne lui « a jamais adressé la parole ». Une des trois nouvelles de son petit livre s'intitule *H. né Berg*. Il s'agit bien d'Edouard Stern, « l'unique parent pour lequel j'avais

---

1. *Les Orphelins*, éditions Allia, mars 2005.

un certain respect [...] précisément parce qu'il n'avait rien de commun avec les miens ». Tout n'est pas exact dans la description qui est faite du jeune Stern, alias H. né Berg, dans l'immense hôtel particulier, « étendu sur un châlit, les pieds contre le mur de bois, qui fume nonchalamment ». Mais l'essentiel l'est : « Enfant, il restait volontairement comme un autiste dans la cave de ses parents. » Ou bien : « Il n'est jamais entré chez lui autrement que par l'escalier de service. Traîné par une dame de compagnie. Si bien qu'il se rappelait les marches monumentales de l'entrée principale de l'hôtel particulier où vivaient père et mère comme celle d'un palais où il arrivait en étranger. Après un long périple, il sonnait à la lourde porte de la maison de ses parents, comme s'il allait pénétrer dans l'antre d'un monstre, au fond d'une forêt touffue, éloigné de toute société, de toute vie humaine, à la façon du petit Hansel, égaré dans la forêt par sa propre mère [...]. Sous les combles de sa chambre d'enfant, les objets étaient disposés apparemment en ordre : une paire de skis appuyée contre le mur de la soupente, la paire de menottes accrochée à l'un des tubes du radiateur en fonte, la paire de jumelles posées sur le petit bureau. Très tôt, il s'est mis à gribouiller à sa table devant l'œil-de-bœuf. Il élaborait sa méthode. D'abord en tentant de composer le puzzle de son enfance, puis le puzzle de son adolescence, enfin en recomposant le puzzle de sa prison, dès son plus jeune âge, il méditait son plan. »

Hadrien Laroche raconte encore, et cela ne s'invente pas : « Chaque fin de semaine, le père venait contrôler le niveau de fuel de la chaudière dans l'écurie sous les combles de laquelle H. né Berg vivait dans l'arrière-cour de l'hôtel particulier de ses parents, ainsi avait-il une idée précise de ce que son fils lui coûtait. » Et aussi : « [...] son père le chassait du salon en le priant de ne pas utiliser le tapis persan et de prendre par le service [...]. » Maltraitance ? Le cousin Laroche évoque « le souvenir des miettes que sa mère, de mèche avec un boulanger d'une rue voisine, ramenait par sacs entiers, desquels elle extrayait ensuite une poignée, portion qu'elle pesait elle-même, avant de faire préparer par la gouvernante la ration de miettes simplement mélangée à une eau tiédasse, la soupe, que son fils, assis à un bout de la longue table à manger de l'office, avalait seul ». Edouard Stern, unique rejeton mâle d'une famille de banquiers richissimes, nourri au pain et à l'eau ? Si cette description romanesque correspond à la réalité, quel effroi !

Il semble bien qu'Hadrien Laroche, dans son récit romancé, n'ait pas été très loin de la réalité. « Antoine Stern n'était pas seulement un imbécile, lâche un proche de la famille : il était tout simplement un monstre. » Il était froid et son cerveau était reptilien : c'était un serpent. Et Edouard Stern n'a jamais supporté d'être le fils du serpent.

Quoi qu'il en soit, une chose est avérée : Edouard grandit en marge d'un univers de soie et le luxe, dans un véritable désert affectif. Pire : dans le rejet, sinon la haine, de ses propres parents. Il n'en laisse rien paraître mais il en souffre horriblement. On dit de lui qu'il est « un enfant insupportable » et il le devient. L'argent, la nurse Lili, les vacances à Dinard, l'été, à Megève, l'hiver, les séjours dans la maison familiale, près de Senlis, ne changent rien à l'affaire. Le petit garçon fait tout pour retenir l'attention de ses parents. En vain. Il est turbulent, avec Lili aux trousses, qui ne cesse de pester contre cet enfant terrible qu'elle craint mais qu'elle vénère. Espiègle, parfois violent, toujours vif et malin, le jeune Edouard peut se montrer aussi bien adorable que méchant. Parfois, il ne résiste pas à l'idée de faire tomber ses amis de vélo. A Paris, il les enferme dans la cave ; à Senlis, il lui est arrivé de les pousser dans la piscine. Son comportement peut même devenir carrément inquiétant, comme lorsqu'à l'école maternelle, il claque délibérément les portes sur les doigts des maîtresses et des autres enfants. L'agression se répétera plusieurs fois. Ou quand il abandonne à la nuit tombante, dans une forêt proche de la propriété familiale, un petit camarade invité par ses parents pour lui tenir compagnie. Celui-ci ne sera retrouvé qu'au milieu de la nuit, terrifié.

Un autre de ses jeux favoris, plus troublant encore : enfant, il aime étrangler les oiseaux qui tombent entre ses mains. Y compris les oiseaux de compagnie. Mais il peut, en même temps, se montrer adorable, attentif et chaleureux. C'est un déconneur, une vedette, un leader. Ses amis hantent l'hôtel particulier de la rue Barbet-de-Jouy, pour jouer avec lui aux soldats de plomb, aux Dinky Toys, au Meccano. Ou à la guerre, avec des panoplies et des armes en plastique. Plus tard, le jeune Edouard restera fasciné par les voitures et les armes, en souvenir sans doute de la Jaguar de son père ainsi que de ses parties de chasse.

Quelle est la part de vérité, la part de reconstruction a posteriori ? Une chose est sûre. En 1961, alors qu'il n'a que sept ans, Edouard Stern est envoyé dans un collège en Angleterre. Ses parents pensent-ils qu'une éducation à l'anglaise est seule susceptible de le faire entrer, de force, dans le moule des convenances ? Ou bien est-ce tout simplement pour se débarrasser de lui ? Une photo de la mère et du petit garçon, dans

103

une rue de Londres, veut donner l'image de la connivence. Rien n'est plus faux : Edouard vit, d'ailleurs à juste titre, cette décision et cette séparation comme une déchirure, un abandon.

En tout cas, si l'objectif était de l'assagir, c'est raté. A son retour à Paris, l'enfant se montre toujours aussi indiscipliné. Ses carnets scolaires sont épouvantables, non pour ses capacités, mais en raison de son comportement. Il est toujours turbulent, agressif. Ses parents lui offrent des cours de judo, de karaté pour calmer ses pulsions. Il ne les calmera pas mais deviendra ceinture noire dans ces deux disciplines... On l'envoie prendre des cours d'équitation à Fontainebleau où il se rend le jeudi avec son copain Marc Stehlin, et l'abbé Gourdin, dans la Dauphine blanche de celui-ci. Marc Stehlin, qui deviendra avocat international, est le fils du général Paul Stehlin. Dans le *Who's Who*, la notice consacrée à Marc Stehlin précise curieusement qu'il collectionne... les cochons, sans autre précision.

Avec ses amis du moment, les jeunes fils de famille se livrent à des chahuts sans conséquences, des pitreries, comme celle qui consiste à aller mendier dans la rue ou à aller rendre, chez un grand pâtissier parisien, des macarons à moitié consommés pour se faire rembourser.

Débordant d'énergie à l'extérieur, Edouard Stern se renferme dans la prison dorée de la rue Barbet-de-Jouy. Il est capable de bouder, de quitter sans permission la table familiale, bousculant convenances et maîtres d'hôtel au grand dam de ses parents, se moquant éperdument des menaces de punition et des punitions elles-mêmes. Ce caractère imprévisible et insupportable a l'effet inconsciemment recherché : Edouard Stern est au cœur de la cellule familiale, tout tourne autour de lui. Ses parents le supportent de moins en moins. Il est à la fois au centre de tout et étranger dans sa propre maison.

Lorsque Edouard a du vague à l'âme, c'est à sa grand-mère paternelle qu'il se confie. Alice Stern, née Goldschmidt, ne le jugeait pas et l'aimait profondément. Une personne très originale, presque centenaire, qui s'en est retournée aux Etats-Unis, où elle avait passé ses années de guerre et qui vit aujourd'hui à l'hôtel, à New York. Pendant toute sa vie, Edouard l'appellera très régulièrement et lui rendra visite lors de ses nombreux séjours à New York. En particulier quelques jours avant sa mort. La vieille dame assure que Stern était avec elle « le matin même du jour où il a été assassiné ». Elle se trompe d'une semaine. Sans doute, à quatre-vingt-dix-neuf ans, s'embrouille-t-elle un peu dans les dates.

Ses parents ont malgré tout de la chance. A l'opposé des nombreux adolescents à problèmes, Edouard, toujours turbulent et imprévisible, se révèle brillant, aussi bien intellectuellement que physiquement. S'il se plie très mal aux contraintes du système scolaire, il se montre d'une intelligence vive. Il pense par lui-même, et ses raisonnements sont souvent originaux. Dès l'âge de quatorze ou quinze ans, « il s'enfuit dans l'intelligence » comme le dit joliment sa sœur. A dix-sept ans, il aborde Henri Weber, qui vient de s'unir avec sa demi-sœur Fabienne :

– Est-ce que tu connais Régis Debray ?

– Bien sûr, pourquoi ?

– Ce type m'intéresse. Je voudrais que tu me le présentes.

Ce que fera Weber, un peu interloqué. Le tout jeune Stern établira aussitôt des relations suivies avec celui qui est encore un mythe du combat tiers-mondiste, dans les traces de Che Guevara. Tout Edouard Stern est là : le culot, grâce à quoi il peut rencontrer n'importe qui ; et le brio, qui lui permet d'établir avec des gens bien plus âgés que lui des relations approfondies. Bien plus tard, pour initier ses enfants à la musique classique, Stern les fait dîner avec son ami Stéphane Lissner, directeur du festival d'Aix-en-Provence et bientôt surintendant de la Scala de Milan.

Le jeune Stern est aussi brillant sur le plan sportif qu'intellectuel. Physiquement, avec ses deux mètres de muscles, c'est même un phénomène. Toute son énergie vitale est alors canalisée dans le sport. Il est bon au tennis, au ski, au judo, au karaté, au billard, à cheval. Autant de sports individuels, car le collectif n'a jamais été et ne sera jamais sa tasse de thé. La journaliste Caroline Pigozzi, qui a longtemps été son amie avant de se brouiller avec lui, raconte, dans *Paris Match* : « A dix-huit ans, il nous épatait tous lorsqu'il descendait à grande vitesse la rampe imposante de l'escalier de la demeure paternelle et que, le samedi soir, il entraînait ses amis de la nuit, dans la vaste cuisine du rez-de-chaussée, où l'immense frigo américain, l'un des premiers, regorgeait de babas au rhum et autres gâteaux exquis[1]. » Dans de telles circonstances, il peut être joyeux. Avec ses amis, lorsqu'il le souhaite, l'adolescent est séduisant et même envoûtant, au dire de certains d'entre eux. « Quand il arrivait dans une pièce, grand et beau comme un astre, extraverti et drôle, il en jetait », se souvient une de ses copines de l'époque. D'une beauté ténébreuse, il cultive

---

1. *Paris Match*, 10 mars 2005.

le mystère. C'est incontestablement un leader. Qui lance des défis à tout bout de champ.

Mais il supporte de moins en moins le carcan familial, ni ses parents, ni sa petite sœur Marguerite, ni l'atmosphère glauque de la rue Barbet-de-Jouy. Il étouffe : à dix-neuf ans, sur un coup de tête, il quitte l'hôtel particulier pour emménager dans un studio situé au sommet d'une tour du 13ᵉ arrondissement de Paris. Un nouveau quartier très populaire, qui est peu à peu accaparé par les Chinois de Paris. « Pour échapper au petit milieu parisien », écrit dans *Le Figaro Magazine* Sylvie Pierre-Brossolette, qui l'a bien connu, en particulier à cette époque. « Il vivait quand même parmi les riches et les puissants, tiraillé entre deux réflexes, écrit-elle : le désir de se maîtriser en acceptant les lois sociales et l'envie de bousculer les hommes et les choses[1]. »

Edouard n'est pas le seul à prendre ses jambes à son cou dès que possible hors de l'hôtel particulier de la rue Barbet-de-Jouy. Ses demi-sœurs Sophie et Fabienne l'ont précédé, dès qu'elles ont eu vingt ans. Sophie a épousé un jeune aristocrate, issu d'une famille marquée à l'extrême droite. Sa petite sœur Marguerite fera mieux : elle se marie à dix-sept ans avec Charles-Henri Mangin et part vivre aux Etats-Unis où elle a fait une carrière de biochimiste, avec trois enfants. Dénuée de toute fantaisie, elle s'installera dans le conflit avec Edouard Stern : pour des querelles d'héritage, ils se disputeront pendant des années avant de régler leur conflit par une transaction. L'air de l'hôtel particulier de la rue Barbet-de-Jouy était manifestement pollué.

---

1. *Le Figaro Magazine*, 12 mars 2005.

A la fin de son adolescence, pressé de s'échapper avec sa tête, avant de le faire avec ses jambes, Edouard Stern se nourrit de philosophie et voit presque tous les jours un vieux professeur pour discuter avec lui des grands textes. Il est plus cultivé qu'il ne le laisse paraître, devient même, très tôt, un amateur d'art. Il discute des soirées entières de cinéma, de musique, de littérature et d'opéra. Mais il affiche en toute occasion son mépris pour les « connards » dont, à son avis, la terre entière est peuplée. Il est en revanche fasciné par tous ceux qu'il estime plus forts que lui, à commencer par les inspecteurs des Finances, en particulier les majors de l'ENA comme Philippe Jaffré ou Alain Minc.

Il vit à l'écart des convenances. « Edouard était tout ce que nous n'étions pas », résume Antoine Winckler, son ami d'enfance. En plein dîner, il peut quitter une table de copains, comme jadis la table familiale, pour montrer son agacement ou son ennui. Ou pour se faire remarquer, s'il n'est plus le centre d'intérêt. Il agresse, il blesse, il domine. Il pète souvent les plombs, cultive une forme de liberté totale. Il part en Malaisie qu'il traverse en moto en dormant n'importe où. C'est l'époque où il file de temps à autre à New York pour voir sa grand-mère... et pour faire la fête. Avec une prédilection pour les rues les plus chaudes du Village, les tenues de cuir et les bars homosexuels. Cette part de lui-même le tourmente. Il ne l'assume pleinement qu'à l'étranger. Il semble détaché de tout et en même temps animé d'une volonté farouche. Deux personnages habitent en lui. Winckler résumera ainsi la vision qu'il a de son ami d'enfance en déclarant au *Nouvel Economiste* : « Il est à la fois dehors et dedans[1]. »

---

1. *Le Nouvel Economiste,* 25 août 1995.

Chapitre 10

Edouard tue son père

En 1976, à vingt-deux ans, Edouard Stern se décide enfin à se lancer dans les études supérieures. A plusieurs reprises, il racontera qu'il a commencé à préparer l'Ecole nationale d'administration. C'est un pauvre mensonge. Vingt ans plus tard, il osera même raconter au *Nouvel Economiste* qu'il y avait renoncé de lui-même, en raison d'une mise en garde du président du Crédit Lyonnais, Claude Pierre-Brossolette, un ami de ses parents, fils du grand résistant Pierre Brossolette : « Tu y entreras, bien sûr, mais si ce n'est pas pour en sortir dans la botte, cela n'en vaut pas la peine[1]. » Dans la botte, cela signifie dans les dix premiers, pour faire partie de la caste des inspecteurs des Finances, celle à laquelle appartient justement Claude Pierre-Brossolette.

En réalité, jamais Edouard Stern n'a eu la moindre chance d'intégrer l'ENA. Pour cela, il faut commencer par réussir l'Institut d'études politiques – Sciences-Po Paris. Il décroche le concours d'entrée et débarque rue Saint-Guillaume en septembre 1976. Il est alors plus âgé de deux ou trois ans que ses camarades. Il

---

1. *Le Nouvel Economiste*, 25 août 1995.

arrive en touriste, assiste aux conférences de façon épisodique. Mais son culot est phénoménal : il interpelle les professeurs, qu'il traite d'incompétents. Du haut de ses vingt-deux ans, il s'en prend particulièrement à Jean-Philippe Ross, qui enseignait l'économie et qui était, il est vrai, assez médiocre. Edouard Stern n'hésite pas à l'interrompre en plein cours :

– Monsieur, puis-je vous interrompre ?

– Allez-y, que voulez-vous ?

– Je veux vous dire que votre vision de la gestion des entreprises est complètement surannée.

– Et pourquoi, jeune homme ? répond Jean-Philippe Ross, interloqué.

– Parce que vous ne connaissez manifestement pas la vie des entreprises...

– Vous la connaissez sans doute parfaitement. Et quelle est donc votre vision des choses ?

– Monsieur, une entreprise, cela se gère avec les poings, avec les tripes, avec les dents !

Jean-Philippe Ross n'a pas le temps de le moucher qu'Edouard Stern a déjà quitté théâtralement la salle, la morgue et le mépris aux lèvres, au beau milieu du cours. Il est vrai qu'il a alors intégré parallèlement l'Essec, une école de commerce parisienne déjà prestigieuse, quoique classée nettement derrière HEC, dont il a raté le concours d'entrée. Impossible de mener de front Sciences-Po et l'Essec, quelles que soient les capacités de Stern. Il ne restera en réalité que trois mois rue Saint-Guillaume, ne revenant plus après les vacances de fin d'année. Un passage éclair mais qui a marqué les esprits. Tous ceux qui l'ont croisé à ce moment-là se souviennent de lui. Les filles en particulier, nombreuses à tomber sous son charme. « Il était beau, ténébreux, ambigu, doux et violent à la fois, provocateur et imprévisible, se souvient une de ses maîtresses de l'époque : le feu était en lui. »

Mais Edouard Stern, en cette fin d'année 1976, a d'autres raisons que l'Essec pour délaisser Sciences-Po : il est en train de prendre le contrôle de la banque Stern, qui porte son nom et que préside son père.

Car celle-ci est dans une situation très préoccupante. Antoine Stern se montre en effet piètre gestionnaire. C'est un aimable dilettante, qui ne s'intéresse qu'à ses parties de chasse, à ses chiens et à ses voitures, convaincu d'avoir reçu la banque en héritage comme un don du ciel pour faire vivre plusieurs générations de Stern dans l'opulence, sans s'occuper de rien.

Mais le voilà accablé par une escroquerie interne rendue possible par son absence de vigilance et sidéré par l'invasion, au siège de la banque, rue de Penthièvre, de la commission de contrôle des banques puis de policiers de la brigade financière. Il y a plus grave. La banque, sous son autorité, se serait prêtée à des opérations de blanchiment d'argent sale et de financement politique, via le Tchad. Antoine risque de sérieux ennuis, voire la prison et la banque Stern est au bord du dépôt de bilan. Il faut immédiatement réagir. Totalement dépassé, Antoine Stern, poussé par ses frères Philippe et Gérard, ainsi que par sa mère, accepte de confier ses parts dans la banque à son fils, semble-t-il en usufruit. Ce n'est pas – du moins pas encore – un putsch, ni le meurtre du père, mais cela y ressemble. « La décision d'écarter Antoine a été prise collégialement par l'ensemble de la famille », affirmera-t-on plus tard parmi ses proches, après avoir laissé Edouard présenter pendant des années sa propre version des choses, celle d'un putsch personnel.

La grand-mère Stern, avec l'appui de deux de ses

fils, a tué virtuellement le troisième, en confiant le couteau à son petit-fils. Comment cette opération incroyable a-t-elle pu se passer ? Craignant à la fois sa mise en cause personnelle et une victoire de la gauche aux élections législatives de 1978 entraînant la nationalisation de la banque familiale, Antoine Stern aurait procédé au partage de ses parts entre ses enfants Edouard et Marguerite et transféré une partie du capital à l'étranger. L'effondrement de la banque le conduit à accepter de passer la main. Il n'a guère le choix puisque ses deux frères et sa mère contrôlent la majorité du capital. Mais il n'est pas question d'en confier les clés à l'un de ses deux frères, avec lesquels les relations ne sont pas bonnes. Edouard veut reprendre le flambeau. Avec le soutien de leur mère, les trois fils décident donc de sauter une génération et de confier la majorité du capital – là encore, semble-t-il, en usufruit, à Edouard. Le saut de génération est une constante des querelles familiales, quand chacun cherche à se neutraliser.

Edouard a plusieurs handicaps, au premier rang desquels sa jeunesse et son inexpérience. Mais il a des atouts : son intelligence vive, son originalité, les études commerciales qu'il entreprend, mais surtout sa façon habile de s'afficher porteur de la culture familiale, transmise par ses grands-parents. Il a parfaitement conscience de faire partie d'une des plus grandes lignées de l'aristocratie financière : créée en 1823, la banque Stern est la plus ancienne banque privée française. Elle fait partie de l'aristocratie juive du pouvoir et de l'argent, comme les Meyer, les Rothschild ou les Goldschmidt. Mais ce ne peut être un capital dormant. Edouard explique à sa grand-mère, à son père et à ses oncles sa vision offensive et conquérante.

Perdu pour perdu, pourquoi ne pas tenter le coup ? Il n'est cependant pas question qu'à vingt-deux ans, Edouard Stern gère lui-même la banque. Comment peut-on s'organiser ? Sur les conseils de sa grand-mère, l'étudiant va rendre visite à Crans-sur-Sierre, station suisse de renom, à André Meyer, patron de la banque Lazard entre les deux guerres et toujours parrain de la haute finance internationale. Le sauvetage d'une banque juive aussi chargée d'histoire que la banque Stern ne lui est pas indifférent. D'autant moins que c'est lui qui avait aidé la famille Stern à quitter la France avant l'Occupation. Un pacte est conclu. André Meyer sera le tuteur discret d'Edouard Stern, qui a le feu vert pour trouver les moyens de redresser la banque familiale. Il lui conseille d'en confier la direction opérationnelle à des grands professionnels. Edouard acquiesce, mais il a conscience des problèmes que cela peut poser :

– Aucune grosse pointure n'acceptera d'être coiffé par un patron de vingt-trois ans !

– C'est évident. C'est pourquoi je te conseille de leur proposer la présidence de la banque.

– La présidence ? Mais alors, quel poste voyez-vous pour moi ?

– Aucun. Simple administrateur. Ou alors vice-président si tu veux absolument avoir une responsabilité officielle.

– Mais quelle autorité aurai-je ?

– Celle du principal actionnaire, c'est la seule qui compte.

Et de prendre exemple sur Marcel Dassault, simple salarié de base dans son propre groupe, ce qui, évidemment, ne trompait personne : toutes les décisions importantes, c'est bien lui qui les prenait !

Edouard Stern aura l'intelligence de se plier scrupuleusement à ce principe. Il restera simple administrateur. « Il n'a pas eu peur de s'entourer de gens qui le
dominent[1] », dira Alain Minc au *Nouvel Economiste*, en
se mettant évidemment dans le lot.

En même temps qu'il poursuit ses études à l'Essec,
voilà donc le jeune Stern, plus que jamais sûr de son
étoile, en même temps stagiaire, administrateur et
propriétaire virtuel de la banque qui porte son nom.
Très vite le propriétaire l'emportera sur le stagiaire.
« J'ai été brutal et je le regrette, car cela m'a construit
une image », déclare-t-il toujours dans le même
numéro du *Nouvel Economiste*, le seul journal à avoir
rédigé une saga de la famille Stern : « J'ai viré tout le
monde, les uns parce qu'ils avaient été malhonnêtes,
les autres parce qu'ils n'avaient pas vu la malhonnête-
té[2]. » Il se passionne et use de tout son pouvoir de
jeune actionnaire pour bloquer la vente de la banque
Stern à la banque Rothschild, comme le souhaitait la
famille. « Je l'ai surtout fait pour... emmerder mon
père », me confiera-t-il bien plus tard.

Agacé par l'activisme de son fils, Antoine essaie
alors de convaincre les autres membres de sa famille
que le mieux serait de plier boutique. Edouard gagne
ce bras de fer. Mieux : au lieu de laisser la banque
Stern se faire acheter par la banque Rothschild,
Edouard réussit la prouesse d'y débaucher François
Cariès, son administrateur directeur général, pour en
faire son propre président, suivant ainsi les conseils
d'André Meyer. Entre les deux hommes s'est établie
une étonnante relation. En voyage, François Cariès,

---

1. *Ibid.*
2. *Ibid.*

cinquante ans, et Edouard Stern, vingt-trois ans, partagent la même chambre d'hôtel. Officiellement, par souci d'économies. Cet inspecteur des Finances hors normes se soucie peu de ce qu'on raconte sur lui. D'ailleurs, il cache à peine son appartenance à la franc-maçonnerie. Et Cariès initiera Stern qui fréquentera un moment la même loge que lui, avant que tous deux ne quittent leur obédience, déçus par la pauvreté intellectuelle des autres « frères » et la vacuité des débats.

Plus tard, il arrivera à Cariès de plaisanter, à mots à peine couverts, sur ces sujets intimes en plein conseil d'administration de la Banque de l'Union Européenne comme du CIC, devant des collègues banquiers ébahis mais finalement plus amusés que choqués. Edouard Stern, en revanche, refusera toujours d'admettre ouvertement sa bisexualité, s'en tirant généralement par une pirouette. Un démenti souvent ambigu, réservé bien entendu aux milieux de l'économie et de la finance.

Cela étant, entre Edouard Stern et François Cariès s'est aussi – et peut-être avant tout – nouée une relation intellectuelle extrêmement forte. Car le nouveau président de la banque Stern est un haut fonctionnaire atypique. Il est, sans nul doute, d'une immense intelligence abstraite, comme il se doit pour la crème des énarques. Mais il a plus que cela. Il pratique en permanence un humour haut de gamme, sublime sa petite taille en se moquant volontiers de lui-même. Il est sympathique, chaleureux et attachant. Parallèlement à son métier de banquier, il rédige des essais – d'une grande sophistication intellectuelle – mais aussi des poèmes, qui sont publiés.

Edouard Stern a trouvé en François Cariès un père

de remplacement – beaucoup d'autres suivront. C'est une évidence et ce l'était déjà pour sa demi-sœur, en 1995 : Fabienne Servan-Schreiber a en effet déclaré cette année-là au *Nouvel Economiste* : « Edouard a toujours recherché des amitiés masculines fortes, des figures paternelles. »

François Cariès et Edouard Stern prendront ensemble une excellente décision : la promotion, au titre de directeur général de la banque Stern, de Michel Garbolino, l'homme à tout faire, celui qui a évité à plusieurs reprises le naufrage, mais qui n'a jamais été officiellement en charge tout simplement parce que, fils de maçon italien, il n'était pas du même monde que les Stern. Garbolino, qui n'avait pas son pareil pour imaginer les opérations les plus compliquées et les montages financiers les plus sophistiqués, en rajoutait même dans la vulgarité. Sa phrase favorite : « Je mets mes couilles sur la table. » Garbolino, surnommé « Garbo », va enseigner les bases du métier à Edouard Stern, qui, selon des propos tenus au *Nouvel Economiste*, était à l'époque « un grand étudiant plus intéressé par les filles que par l'escompte [1] ». Et c'est vrai que la conquête des filles le passionne aussi ! Mais très vite, Garbo va devenir son mentor en affaires, certains diront son âme damnée.

La vraie rupture, violente, radicale, entre Edouard Stern et son père Antoine n'a lieu qu'en 1979. Edouard a vingt-cinq ans. Il a décroché son diplôme de l'Essec. La gauche a échoué aux élections législatives de 1978 et le programme commun, avec tous ses aspects confiscatoires, n'est plus d'actualité. La ban-

---

1. *Ibid.*

que, sous la houlette de François Cariès et de Garbo, a été nettoyée et redressée. Plus question de dépôt de bilan ni de vente en bloc à un concurrent : l'avenir s'annonce même sous de bons auspices. C'est le moment choisi par Antoine Stern pour exprimer son souhait de revenir à la tête de la banque Stern. Edouard, qui s'était jusque-là placé dans un poste de contrôle et d'animation, décide de lui barrer la route. Il s'appuie sur François Cariès et Michel Garbolino. Ceux-ci menacent de quitter la banque en cas de retour en arrière.

Le fils tranche. Contre son père. Violemment et sans appel. C'est là un acte fondateur de sa personnalité. « Quand un fils enlève le pouvoir à son père et qu'ils coupent toute relation, c'est paradoxalement le signe qu'existe entre eux un lien affectif très fort, qui pousse ensuite l'enfant vers une logique de dépassement[1] », affirme Esther Perel, une psychologue américaine. C'est une idiotie. Il n'y a jamais eu de lien affectif entre Edouard et Antoine Stern. Car les serpents n'ont pas de sentiment. La famille dans son ensemble, y compris André Meyer, tranche elle aussi en faveur d'Edouard contre Antoine.

C'est à ce moment-là que la haine brute va apparaître. Des rumeurs courent dans tout Paris : Edouard aurait volé les bijoux de famille déposés dans la banque et aurait spolié ses parents de leurs divers appartements, en particulier aux Arcs, une nouvelle station de ski alors en plein essor ; il les aurait dépouillés, ruinés, lessivés. Hadrien Laroche s'en fait lui-même l'écho : « H. Berg avait décidé de s'amputer vivant de père et mère. Il avait prévu de spolier ses parents. De

---

1. *Ibid.*

prendre l'héritage [...]. Contrats, conventions, agréments, tout était prêt, relu, visé. Il n'avait plus qu'à signer. Le lendemain, le père d'H. né Berg fut chassé de la banque, la mère mise à la porte de l'hôtel particulier. Dans la foulée, le fils fit vendre le chalet de montagne[1]. »

L'origine de ces rumeurs ? Antoine et Christiane Stern eux-mêmes, furieux d'avoir perdu leur banque et leur statut social et qui n'ont cessé de dénigrer leur propre fils au vu et su de tout le monde.

Les accusations étaient-elles fondées ? Pour les bijoux de famille, aucune preuve décisive n'a été apportée. Quant aux appartements des Arcs et aux autres propriétés, ces rumeurs ne sont fondées sur rien et peuvent même se retourner contre leurs auteurs. Car Antoine Stern avait pratiqué l'abus de bien social à grande échelle, comme beaucoup de patrons à cette époque. Les appartements des Arcs, par exemple, avaient été achetés par la banque alors que c'était la famille qui en profitait, hiver comme été. Lorsque Edouard a pris le contrôle de la banque, en crise aiguë de trésorerie, il a naturellement décidé de vendre tous ses actifs non stratégiques, à commencer par les appartements des Arcs.

En outre, si Antoine et Christiane Stern ont perdu les facilités abusives dont ils bénéficiaient grâce au contrôle de la banque, ils n'ont jamais été ruinés, comme ils s'en plaignaient. Ils ont toujours eu de quoi vivre, et bien au-delà. Sinon, pourquoi la dernière maîtresse d'Antoine, une jeune Chinoise, aurait-elle dépensé tant d'énergie de toute nature pour se faire coucher sur le testament du chasseur fatigué ? Cette

---

1. Hadrien Laroche, *Les Orphelins, op. cit.*

maîtresse est arrivée comme une chienne dans un jeu de quilles. Un jour, Christiane apprend la liaison de son mari avec cette jeune femme. Elle se désespère auprès d'une de ses amies. Celle-ci lui pose alors une série de questions sur ses relations avec Antoine :

– Joues-tu au bridge avec lui ?

– Non, c'est trop ennuyeux.

– Au golf ?

– Tu n'y penses pas, courir des heures derrière une balle en se crottant, non merci.

– Vas-tu au concert ?

– Quel ennui ! On reste des heures assise à s'ennuyer.

– Et les musées ?

– Je déteste. Il y a une foule épouvantable et tous les tableaux se ressemblent.

– Couches-tu avec lui ?

– Ah ça non ! C'est dégoûtant.

– Eh bien, tu vois, ce n'est pas compliqué : sa Chinoise fait très consciencieusement tout ce que tu ne veux pas faire.

Christiane Laroche Stern avait raison de s'inquiéter. Car ce n'est pas Edouard, mais bien Antoine qui, deux ans avant sa mort, a viré sa femme et vendu l'hôtel particulier de la rue Barbet-de-Jouy pour vivre et mourir avec sa Chinoise. Et qui a récupéré Christiane ? Edouard, son fils qu'elle n'aimait guère, à l'inverse de ce qu'a écrit son neveu Hadrien et de ce qui se disait alors dans Paris, toujours prêt à dénigrer le jeune ambitieux.

Edouard Stern traitera les accusations de ses parents par le dédain, pas mécontent de passer pour un voyou parricide. Au final, ce mépris hautain et systématique du qu'en-dira-t-on, de l'establishment et des conventions lui coûtera cher.

Pour l'heure, il s'agit simplement de trouver avec son père un modus vivendi. Un compromis est passé : Antoine garde un bureau, un salaire et des frais dans les locaux de la banque familiale au 8, rue de Penthièvre. Edouard accepte, à condition de ne pas être mis en situation de croiser son père. Celui-ci n'est pas mieux disposé à l'égard de son fils. Il n'admet ni sa réussite ni l'hostilité qu'il lui manifeste, puisqu'il ne lui adresse pas la parole, alors qu'il s'appuie ouvertement, comme par provocation, sur tous les pères de remplacement qu'il peut rencontrer.

Et les collaborateurs d'Edouard, tout comme Edouard lui-même, s'amuseront, pendant plusieurs années, de voir l'ancien patron et père déposé errer dans les couloirs ou dans les jardins du siège de la banque, avec pour seule compagnie, non plus les labradors de ses parties de chasse, mais son teckel à poil ras.

Chapitre 11

A cheval sur les pères de substitution

Les premiers pères de substitution d'Edouard Stern avaient pour nom André Meyer et Jimmy Goldsmith : ils étaient d'une manière ou d'une autre liés à sa famille. Le jeune ambitieux s'est appuyé sur le premier pour prendre le contrôle de la banque familiale tandis que le second est pour lui un modèle absolu.

Ce cousin éloigné, de nationalité britannique et française à la fois, père de l'actrice Clio Goldsmith, est en train de décoiffer tout l'establishment parisien des affaires. Né à Paris en 1933, ce magnat franco-britannique a toute sa vie défrayé la chronique, aussi bien dans les pages people que dans les chroniques économiques des journaux. Né d'un père anglais d'origine juive allemande et d'une mère auvergnate et catholique, Jimmy emporte son premier jackpot avec un bandit manchot, au casino de Monte-Carlo, alors qu'il n'a que six ans. Magnat de l'industrie pharmaceutique, exploitant de puits de pétrole, il s'est installé à grands coups de Bourse à la tête d'un colossal empire financier. Sixième fortune d'Angleterre, Jimmy Goldsmith était éblouissant, aussi extravagant que généreux. Il a eu six enfants avec trois femmes successives, puis deux autres avec sa dernière compagne. « Il les a tous aimés

121

comme il continuait d'aimer également leurs mères[1] »,
écrit *Paris Match*.

Mais Jimmy Goldsmith est aussi l'exemple même
des limites de l'intelligence lorsqu'elle est envahie par
une assurance et un contentement de soi démesurés.
Cette faille s'est révélée au grand jour lorsque le
tycoon, comme on l'appelait à l'époque, a pris le
contrôle de *L'Express*. Que le nouveau propriétaire
d'un organe de presse cherche à infléchir dans le sens
qu'il souhaite sa ligne éditoriale peut être de bonne
guerre, même si les journalistes l'admettent mal. Mais
à *L'Express*, il s'est agi alors de tout autre chose : Jimmy
Goldsmith a voulu donner une ligne ultra-libérale à
un hebdomadaire installé, depuis sa création, au cen-
tre-gauche sur l'échiquier politique français. Devant la
résistance de sa rédaction, il a coupé les têtes, nommé
des idiots utiles et des ambitieux cyniques, est intervenu à tout bout de champ. En oubliant qu'une rédaction a une mémoire collective. En oubliant aussi que
la ligne modérée, sociale-démocrate de *L'Express*
n'était pas seulement celle de la rédaction, c'était
d'abord celle de ses lecteurs. Pour Goldsmith, l'échec
en tant que patron de presse a été total. Lorsqu'il est
parti, le magazine avait perdu des lecteurs mais a
retrouvé aussitôt sa ligne éditoriale naturelle. Heureusement qu'il n'a pas suivi la ligne de son éphémère
propriétaire : d'ultra-libéral, il est peu à peu devenu
souverainiste. Et il a fini carrément protectionniste !
Bref, Edouard Stern aurait dû réaliser que l'admiration du moi et le mépris des autres ne sont jamais très
bon signe. Jusqu'à la mort prématurée de Goldsmith,
à Marbella, en 1997, Edouard Stern entretiendra tou-

---

1. *Paris Match*, 19 août 1999.

jours d'excellentes relations avec lui. Il était son partenaire attitré de poker, dans un club des Champs-Elysées.

Puis est venu François Cariès qui, ne serait-ce que grâce à son nom et à son titre d'inspecteur des Finances, a redonné à la banque Stern sa crédibilité. Avec Garbo à la direction générale, et Edouard Stern, en retrait mais très présent, le trio improbable fonctionne parfaitement : les dettes sont peu à peu remboursées, l'hémorragie de clients particuliers de l'activité gestion de fortune est stoppée, les bénéfices reviennent. Mais la banque n'est pas à l'abri des accidents. Pour apprendre le métier de broker, nouveau à l'époque, au moins dans sa dimension spéculative, Edouard Stern est parti passer quelques mois à Londres, dans la salle de marché de Prudential Bache. C'est pour lui une révélation. Garbo lui semble d'un coup prudent et conservateur. Il revient à Paris avec un goût immodéré pour la voltige financière. Cariès et Garbo le mettent en garde : Stern n'en a cure. Il se lance dans des spéculations à court terme qui mettent en danger les fonds propres de sa banque. Avant le désastre annoncé, ses tuteurs, à l'intérieur de la banque, préviennent qui de droit. Les parrains extérieurs tentent de lui faire entendre raison. La commission bancaire est alertée et lance une enquête. L'accident financier est évité. Jamais Edouard Stern ne voudra reconnaître cet épisode qui montre à tout le moins que si propriétaire il est, il reste à la fois chien fou et sérieusement encadré.

Chez Prudential Bache, en quelques mois, Edouard Stern aura cependant appris et assimilé toutes les techniques modernes de la haute finance internationale, de la spéculation sur tous les produits imaginables, y compris sur les indices boursiers eux-mêmes. Ces techniques sont encore balbutiantes en France. Stern a des visions fulgurantes, souvent à contre-courant de l'opinion générale. La banque Stern en profitera au fur et à mesure que le Trésor, suivant la tendance générale en Europe, libéralisera la place de Paris. Grâce à la réactivité et à l'imagination de Stern et de Garbo – et grâce à l'entregent de François Cariès puis de Claude Pierre-Brossolette, la banque Stern montera les premières opérations de la finance moderne que sont le démembrement des emprunts d'Etat, les premières émissions de titres subordonnés (TSDI) – des obligations qui se transforment en fonds propres. C'est à cette époque que Paris commence à parler du match des deux Edouard : (de) Rothschild et Stern. Pour tout le monde, ils incarnent la relève dans le monde de la banque familiale et privée.

En 1982, François Cariès doit s'en aller, appelé par les socialistes pour prendre la présidence de la Banque de l'Union Européenne puis, plus tard, celle du Crédit Industriel et Commercial. La gauche unie, arrivée au pouvoir en mai 1981, avait un pressant besoin de banquiers incontestables et qui ne soient pas ouvertement hostiles à la nationalisation. Car le gouvernement, conformément à ses engagements, a bel et bien nationalisé l'ensemble du système bancaire français pour en faire, croyait-il, un outil de développement au service des entreprises et du plein emploi...

La nationalisation générale souffre cependant de quelques entorses : les petites banques familiales sont épargnées. Grâce à un lobbying intensif de la banque Lazard, relayé dans différents ministères et à Matignon – où Jean Peyrelevade est directeur adjoint de cabinet de Pierre Mauroy, avec la haute main sur toutes les affaires économiques –, les critères retenus pour définir qui doit être nationalisé et qui ne le sera pas sont choisis sur mesure : Lazard ne sera pas nationalisé. Sous cet auguste parapluie, une pléiade de petites banques familiales vont échapper à la nationalisation. La plupart d'entre elles profiteront même largement de la redistribution des cartes puisque les riches clients vont être tentés de retirer leurs avoirs des banques désormais publiques, où beaucoup d'entre eux ne se sentent plus en sécurité [1]. La banque Stern fait partie de celles-là. De nombreuses familles fortunées, qui plaçaient leur argent dans des établissements tels que Rothschild, Worms, Suez ou Paribas, expatrient leurs capitaux à l'étranger, ou se replient vers de plus petites banques privées – souvent les deux à la fois. Toute une ingénierie financière très sophistiquée – euphémisme ! – se met en place. Garbo est à la manœuvre.

Lorsque François Cariès quitte la banque Stern, en 1982, les crédits accordés par la banque sont passés de 40 à 700 millions de francs. Par qui le remplacer ? N'oubliant pas les conseils d'André Meyer, Edouard Stern cherche la perle rare : un jeune inspecteur des Finances désireux de prendre des risques. Il ne le trouve pas : tel un banc de poissons qui fait demi-tour, tous les inspecteurs des Finances se sont précipités ensemble, à rebours souvent de leurs opinions, pour servir la soupe au nouveau pouvoir en espérant gagner

1. Des poursuites engagées contre Paribas ont obligé un fondé de pouvoir de cette banque à dénoncer au fisc ses clients ayant caché leur argent dans la filiale suisse, ce qui a provoqué un séisme dans le petit monde des grandes fortunes.

quelques années sur leurs anciens qui ont travaillé avec la droite. La nationalisation d'une petite centaine de banques leur offrait tellement d'opportunités !

Edouard Stern va prendre conseil auprès d'un autre de ses pères de substitution : Claude Pierre-Brosso-lette. Fils de héros, lui aussi décoré de la médaille de la Résistance, il est un ami de la famille Stern, par sa femme. Celle-ci, Sabine Goldet (sa famille a francisé son nom, Goldschmitt, au début du siècle, de peur de passer pour allemande), est une Deutsch de la Meur-the, une vieille famille française liée aux Stern depuis plusieurs générations. Les deux familles prennent des vacances ensemble, chez des amis communs. Les enfants sont invités aux mêmes goûters et, plus tard, participeront aux mêmes rallyes. Puis aux mêmes fêtes, un peu plus déjantées. Edouard Stern passera ainsi une partie de son enfance et de sa jeunesse avec Sylvie Pierre-Brossolette, la fille de Claude, qui devien-dra journaliste politique à *L'Express* après avoir commencé sa carrière au cabinet de Françoise Giroud, au ministère de la Condition féminine.

Edouard Stern rend visite à Claude Pierre-Brosso-lette, chez lui : ancien secrétaire général de l'Elysée sous Giscard, devenu président du Crédit Lyonnais, il en a été chassé par la gauche arrivée au pouvoir et n'a plus ni bureau ni travail. Après les politesses d'usage, Edouard Stern l'interroge :

– Il faut que vous m'aidiez à trouver un nouveau président pour la banque Stern. Un inspecteur des Finances, comme Cariès et comme vous.

– Un jeune ?

– Oui, bien sûr. Ou bien entre deux âges...

– Hum... J'ai une idée.

– Laquelle ?

A cheval sur les pères de substitution

– Hum... Moi !
– Vous ?
– Oui, moi. Au moins aurai-je ainsi un bureau pour passer des coups de fil et aller lire les journaux le matin, explique Pierre-Brossolette, avec le flegme très british qui caractérise ce giscardien.

Edouard Stern est bluffé. Il connaît assez Claude Pierre-Brossolette pour ne pas croire une seconde qu'il viendrait faire de la figuration. L'ancien président du Crédit Lyonnais, alors la première banque française, lui propose tout simplement, à lui, de venir présider la banque Stern ! Avec tout son savoir-faire et son immense carnet d'adresses ! Edouard accepte aussitôt.

Comme prévu, le nouveau patron ne viendra pas en dilettante. Son carnet d'adresses et son entregent font merveille. La banque Stern est encore loin d'être au niveau de Lazard – elle n'exerce d'ailleurs son activité qu'en France. Mais elle progresse vigoureusement, en concurrence avec les banques Rothschild, Worms ou autres qui, nationalisées, ont été aussitôt recréées, avec leurs noms, légèrement modifiés, et leurs anciens propriétaires. Généreusement dédommagés par l'Etat, ceux-ci ont pu ainsi repartir, flamberge au vent [1].

Quant à Edouard Stern, en ce début des années quatre-vingt, il est devenu la coqueluche du Paris qui monte, celui des ambitions juvéniles des jeunes gens

---

1. La nationalisation a même sauvé certaines banques de la faillite – comme la banque Vernes, qui finançait pourtant le RPR. Sur pression politique de François Mitterrand, l'Etat a dédommagé leurs actionnaires alors que leur actif net était négatif et qu'elles auraient dû déposer le bilan.

bien nés. Le voilà adulé par les camarades de sa génération, sur lesquels il a pris plusieurs longueurs d'avance. C'est un leader incontesté. Il fait tout pour que chacun en soit bien conscient. Avec ce qu'il faut de perversité. Comme en témoigne son comportement, au cours d'un dîner de copains organisé de façon impromptue chez une amie. La conversation porte sur le sexe, ce qui n'a rien d'étonnant avec des trentenaires particulièrement décontractés, après une quinzaine d'années de libération totale des mœurs. Dans ce contexte amical, Edouard Stern parle ouvertement de sa bisexualité. Mais une nouvelle maladie a fait son apparition, qui décime en priorité les drogués et les homosexuels. Le virus se transmet par le sang et par le sperme. L'échange des seringues et la sodomie, sources principales de l'infection, ont été identifiés. Faut-il en revenir au préservatif de papa ? Ou bien baiser moins, avec des partenaires plus sûrs ? Les avis sont partagés. Les questions qu'on se pose sur le sida paraissent encore un peu abstraites et ne plombent en tout cas pas l'ambiance conviviale de dîner. C'est alors qu'on apporte la bisque de homard, achetée en boîte et réchauffée au micro-ondes. Chacun se sert. Mais la bisque est à peine tiède. La maîtresse de maison propose aussitôt à la cantonade :

– Attendez, c'est dégueulasse froid. Remettez tous vos assiettes dans la soupière, on va la réchauffer.

– D'accord.

Chaque convive reverse alors le contenu de son assiette dans la grande soupière. Tous sauf Edouard Stern qui, tranquillement, se pique le bout du doigt, fait perler une goutte de sang, et le plonge rapidement dans son assiette avant de lancer, le sourire aux lèvres :

– Je vous assure que je n'ai pas le sida, mais il va falloir me faire confiance !

Dans un silence de mort, il plonge à son tour sa bisque de homard dans la soupière commune. Nul n'osera s'interposer. L'ambiance est cassée. La soupière sera remise à chauffer au four à micro-ondes et tous les convives consommeront le potage, sous l'œil attentif et goguenard de Stern. Qui leur dira, après coup, avoir simplement fait semblant de se piquer le doigt. Aucun d'entre eux n'a jamais su s'il disait alors la vérité.

Edouard Stern, pendant cette période de grâce où tout semble lui réussir, ne rate pas une occasion de franchir les lignes, de briser les conventions. Un jour, nous avions convenu de déjeuner ensemble. « Chez Laurent », m'a-t-il dit. C'est-à-dire dans l'un des restaurants les plus chers de Paris, sa cantine. Il est arrivé en scooter, a déposé très naturellement au vestiaire son casque et son imperméable crasseux, genre inspecteur Columbo. C'était presque un principe de vie pour lui. Il prenait un malin plaisir à utiliser un scooter ou une vieille Clio pour se rendre à une réunion de banquiers et une Rolls pour sortir en bande, avec ses copains.

Il avait le souci de ne pas être prisonnier de sa richesse. Ce n'est pas lui qui aurait invité l'arrière-ban de ses relations pour fêter ses anniversaires, comme Jean-Marie Messier à la grande époque. C'est sa sœur Fabienne qui les lui rappelait et qui les organisait chez elle. La question revenait immanquablement :

– Qui veux-tu que j'invite ?

La réponse était toujours la même :

– Vos copains !

Bien entendu, Fabienne et Henri invitaient surtout les amis les plus proches d'Edouard. Souvent, tout se décidait huit jours avant et, bien sûr, chacun avait ses propres obligations. On promettait : « J'essayerai de passer. » Mais pour Edouard Stern, on se débrouillait. Le 18 octobre 2003, à l'occasion de ses quarante-neuf ans, partis à douze autour de la table, ils ont fini à vingt-cinq debout dans la cuisine. Parmi le noyau dur qui se retrouvait ainsi, chaque année, dans leur appartement sans luxe particulier, au quatrième étage sur cour, dans le Marais, venaient régulièrement Antoine Winckler, Hubert Védrine, Stéphane Lissner et son épouse Laurence Meyer, Charles-André Filippi, Hugues Gall, directeur de l'Opéra de Paris ainsi que Louis Benech, le paysagiste des stars et du tout-Paris.

Tout en gardant secrète son autre vie sexuelle, Edouard Stern mène l'existence normale d'un jeune homme riche et puissant, à qui rien ne résiste et certainement pas les femmes. Avec elles, il n'est pas question, alors, de quelconques rapports sadomasochistes ou autres bizarreries. Plusieurs des maîtresses qu'il a eues à l'époque me l'ont confirmé : son comportement sexuel était parfaitement dans la norme. « Un peu trop, même », se souvient l'une d'entre elles. Seule originalité, qui ressemble à une sexualité machiste de substitution : son goût pour les armes et surtout, ce qui est plus inattendu, sa ferme volonté de le faire partager aux jeunes femmes avec lesquelles il vit. C'est ainsi que l'on a pu voir des jeunes filles issues de la haute bourgeoisie s'entraîner au tir rapide, protection sur les oreilles et bras tendus, revolver au poing, à côté de policiers et autres moustachus, dans plusieurs clubs de tir de Paris. Elles se prêtent volontiers à ce jeu en forme de fantasme. Toutes ses conquêtes de l'époque le confirment : Edouard Stern est beau, mystérieux et surtout insaisissable, tour à tour distant ou chaleureux, ce qui lui donne un charme fou.

Sa seule règle est celle des rapports de force. Dans les affaires comme dans sa vie privée, c'est lui qui mène la danse. « Tel est mon bon plaisir » : c'est ainsi que par provocation, à la manière de Louis XIV, il mettait parfois fin à une négociation professionnelle comme à ses agapes privées. La façon dont il a fini par épouser Béatrice David-Weill en témoigne. Issus des mêmes milieux de la haute bourgeoise bancaire de la rive gauche de Paris, ils se connaissaient depuis l'adolescence, fréquentant les mêmes rallyes mondains. Edouard Stern avait convoité et dragué cette jeune fille plutôt réservée, aux traits fins, dont tout porte à croire qu'elle était déjà amoureuse de lui. Peut-être avaient-ils flirté. Mais il ne lui avait pas prêté plus d'attention que ça. Tout a changé lorsqu'il a appris qu'elle épousait un de leurs amis, Bertrand de Villeneuve. Il lui fait alors une cour assidue, n'ayant de cesse de la reconquérir. Il se montre si attentif, si présent, si chaleureux – et si séducteur – que Béatrice finira par craquer. Il lui demande sa main. Elle l'accepte, au pied d'une piste de ski, à Zermatt. Béatrice divorce aussitôt de Bertrand de Villeneuve pour épouser, en 1983, son prince noir – mais si charmant.

Encore fallait-il, auparavant, obtenir la bénédiction des parents de Béatrice. Michel David-Weill n'était pas mécontent de voir sa fille aînée rompre son mariage pour épouser Edouard Stern. Encore le jeune homme de vingt-neuf ans devait-il subir le rite d'initiation et faire valoir ses atouts et sa flamme auprès du patron tout-puissant de la banque Lazard – l'homme qui gagne le plus d'argent en France à cette époque. Il l'interroge comme s'il s'agissait d'un vulgaire coureur de dot :

– Quel est votre métier ?

– Je dirige la banque Stern, celle de ma famille.

– Je le sais. Mais quelles sont vos fonctions exactes ? Je me suis renseigné. Vous n'êtes pas président, vous n'êtes pas vice-président, vous n'êtes pas directeur général, y venez-vous en visiteur ?

– Non monsieur, la banque Stern m'appartient, répond Edouard avec aplomb.

Et avec un certain culot car, s'il a la délégation de la famille pour la représenter, il est loin de posséder la majorité des actions.

Mais ce sera bientôt le cas. Car dès l'année suivante, en 1984, alors qu'il n'a pas encore trente ans, Edouard Stern va réussir le premier grand coup financier de sa carrière. Claude Pierre-Brossolette et lui s'étaient rapidement persuadés que la banque Stern était trop petite pour se disperser et qu'elle devait faire des choix. En l'occurrence, se concentrer sur la banque d'affaires, se spécialiser dans le conseil en fusions-acquisitions, en OPA ou autres opérations de cette nature, en lâchant les métiers du crédit et de la gestion de fortune. Stern a alors un éclair de génie, un de ceux dont le créditera son ami Lindsay Owen-Jones, le président de L'Oréal : « Edouard est différent des managers habituels. Il a de vraies fulgurances, qui déroutent et prennent par surprise. C'est comme cela qu'il est devenu si riche, si jeune. » Quelle est donc l'idée fulgurante de Stern ? Il constate que, pour faire de la banque d'affaires à haut niveau, il n'y a pas besoin de beaucoup de personnel : les dirigeants pour les contacts et quelques petites mains pour l'exécution suffisent. Pourquoi, au lieu de lâcher des activités les unes après les autres, ne pas vendre en bloc la totalité de la banque Stern, avec ses contraintes et son personnel, et en refaire une autre, avec le même nom, à côté ? Encore faut-il trouver un pigeon qui acceptera de racheter la banque, sans ses dirigeants... et sans son nom. Pierre-Brossolette le trouvera en la personne du financier Roger Tamraz, patron du groupe libanais Intra. La banque n'affiche que quelques millions de francs de profit, mais Stern la lui vend pour un peu plus de 100 millions de francs. Sans céder la propriété de l'immeuble du siège, rue de Penthièvre ! Et bien sûr sans son nom, dont Edouard a bel et bien conservé la propriété, en jouant sur la corde familiale...

Aussitôt après la vente, avec Claude Pierre-Brosso-lette, Garbo et six personnes, une nouvelle banque Stern est recréée à partir de la petite banque du Haut-Forez, elle aussi détenue par la famille, via la Compagnie de Penthièvre, holding familiale qui possédait aussi le siège social. Edouard Stern détient la totalité des droits de vote de cette nouvelle banque Stern, mais son père, ses oncles et sa grand-mère restent présents au capital. Et ce qui devait arriver arriva. Ayant cher payé une coquille vide, Roger Tamraz fera faillite trois ans plus tard, laissant en plan un petit millier de clients haut de gamme. Les plus riches et les plus rentables d'entre eux seront alors récupérés par Edouard !

Chapitre 12

A la conquête du monde

La nouvelle banque Stern n'est pas sitôt créée qu'elle réalise son premier gros coup : un raid boursier de Saint-Gobain sur la Compagnie générale des Eaux. L'opération a été imaginée par Edouard, Claude Pierre-Brossolette et Alain Minc, qui est alors directeur financier de Saint-Gobain. Major de sa promotion de l'ENA, il est inspecteur des Finances comme Pierre-Brossolette. Au-delà de sa recherche éperdue de pères de substitution, Edouard Stern va ainsi s'entourer, peu à peu, de tout ce que le pays compte de crânes d'œufs : les inspecteurs des Finances, l'élite de l'élite, qui sont sortis parmi les premiers de l'ENA. Il est vrai qu'à cette époque leur étonnante faillite collective (symbolisée par l'effondrement du Crédit Lyonnais sous la houlette de Jean-Yves Haberer ou les folies de Jean-Marie Messier à la tête de Vivendi Universal), si bien décrite dans *Les Intouchables*[1], n'est pas encore démontrée. Ceux-ci sont même portés aux nues, sans doute parce que, tout entiers focalisés sur leurs plans de carrière, ils se sont rués, sans états

---

1. Ghislaine Ottenheimer, *Les Intouchables, grandeur et décadence d'une caste : l'inspection des Finances*, Albin Michel, 2004.

d'âme, pour servir le nouveau gouvernement de gauche en lui apportant leur caution de technocrates. Autour d'Edouard Stern, il y a eu son ami d'enfance Antoine Winckler, puis François Cariès et Claude Pierre-Brossolette. Viendront ensuite Alain Minc, Philippe Jaffré, Charles-Henri Filippi, Jean-Claude Hassan, Hervé Hannoun et bien d'autres. « Il suffit de prendre la liste des majors de l'ENA de sa génération pour faire la liste de ses amis, plaisante l'un d'entre eux. Cette attitude traduisait à mes yeux un complexe terrible vis-à-vis de ses propres études, qu'il qualifiait lui-même de moyennes. » Un complexe qu'Edouard Stern a manifestement sublimé dans sa conquête éperdue du pouvoir et de l'argent. Ce qui lui a permis d'employer ou de faire travailler nombre d'inspecteurs des Finances et donc, par là même, de les dominer.

C'est ce qui va se passer avec l'affaire de l'OPA de Saint-Gobain sur la Compagnie générale des Eaux qui va faire scandale et mobiliser contre elle les plus hautes autorités de l'Etat. Car si cette première opération est un succès financier – Saint-Gobain est en passe de rafler la majorité des titres – elle est un échec politique cuisant. Elle avortera en raison de l'opposition de François Mitterrand lui-même, sur intervention de Guy Dejouany, président de la Compagnie générale des Eaux, et surtout de Jean Riboud, ami intime de François Mitterrand et membre du conseil d'administration de la CGE. Les conjurés avaient oublié que la Générale des Eaux avait été une des rares grandes entreprises qui avaient soutenu la gauche avant 1981, en raison de ses liens avec les municipalités de toutes tendances. Et c'est d'ailleurs à ce titre qu'elle avait été écartée de la liste des nationalisations, à la différence de Saint-Gobain. Pour le pouvoir, qui veut se refaire une virginité économique et bloquer les tentatives des communistes d'étendre encore le champ du secteur public, il est facile de dénoncer cette « nationalisation rampante » de la Compagnie générale des Eaux, conduite par des libéraux giscardiens comme Pierre-Brossolette. Stern, Minc et Brossolette ont péché par manque de clairvoyance politique.

Pour la banque Stern, l'échec est sans conséquence, puisque ses commissions lui seront payées par Saint-Gobain. Elle en recueille même une notoriété immédiate. Et une image de franc-tireur en marge du club. L'échec est imputé – à juste titre – aux dirigeants de Saint-Gobain. Devant les journalistes, Roger Fauroux, alors patron de l'entreprise publique, tirera les leçons de ce raid avorté au cours d'un déjeuner de presse : « Quant à Alain Minc, il aura tout intérêt à aller mettre les mains dans le goudron. » Ce jour-là, j'étais placé à la table de Minc. Je l'ai vu blêmir.

Edouard Stern et Claude Pierre-Brossolette vont monter de nombreuses autres opérations, avec plus de succès. Pourtant, le tandem va se désunir peu à peu. Stern accepte de moins en moins bien le caractère arrangeant de Pierre-Brossolette, sa nonchalance mondaine. Tandis que celui-ci supporte de plus en plus mal l'arrogance et l'agressivité de Stern à l'égard du monde entier. Mis à part un petit nombre de personnes qui le bluffent et qu'il respecte, parmi lesquelles les inspecteurs des Finances, les grands artistes et les musiciens célèbres, le monde n'est en effet, à ses yeux, toujours peuplé que de « sales connards ». Et Stern n'hésite pas à le proclamer haut et fort à tous ceux qui croisent sa route.

Le retour de la droite au pouvoir, après les élections

de mars 1986, va donner l'occasion à Claude Pierre-Brossolette de quitter son protégé devenu encombrant. Il part pour rejoindre Nicholas Clive Worms, ce qui se révélera d'ailleurs une mauvaise pioche.

Stern fait alors appel à Jean Peyrelevade, qui vient d'être évincé sans ménagement par Jacques Friedmann, sur ordre de Chirac, de la présidence de la Compagnie financière de Suez. La façon dont le futur patron du Crédit Lyonnais a été embauché montre bien les méthodes expéditives du cow-boy de la finance. « Un matin, j'ai appris que mon mandat à la présidence de Suez n'était pas renouvelé, raconte Peyrelevade au *Figaro* : l'après-midi même, Edouard Stern, que je ne connaissais pas du tout, m'appela pour me proposer la présidence de la banque Stern[1]. » Furieux d'avoir été aussi cavalièrement éconduit, Peyrelevade est séduit par l'image de franc-tireur de la banque Stern et de son propriétaire. Ainsi que par les propositions d'intéressement aux résultats de la banque que Stern lui offre. De fait, Peyrelevade va s'enrichir massivement en même temps que les profits, qui s'envolent : ils dépasseront les 200 millions de francs nets en 1987 et 1988. La banque connaît alors deux années exceptionnelles. Le tandem Stern-Peyrelevade lance de nombreux deals : soutien à Claude Bébéar pour mettre la main sur la Compagnie du Midi ; raid sur les sociétés exotiques du groupe Rivaud, l'un des nids du financement du RPR (Stern est nommé administrateur de la Financière Truffaut), fusion de Pechiney et de la Compagnie du Rhône. La

---

1. *Le Figaro*, 4 mars 2005.

banque multiplie les « thèmes », nom de code pour les projets secrets.

Beaucoup sont iconoclastes et échoueront : l'attaque de la banque Rivaud, qui laisse néanmoins à la banque Stern une plus-value de 150 millions de francs, l'OPA sur Bouygues, les raids sur Paribas privatisé ou même sur le Crédit National, toutes ces affaires ont failli aboutir. A chaque fois, Stern perd mais sort financièrement gagnant. Le tandem est curieux. Peyrelevade, son nouveau père de substitution, est à l'époque un financier créatif. Mais il a trouvé plus imaginatif que lui. Aussi ne cesse-t-il de tempérer les ardeurs de son propriétaire qui lance dix nouvelles idées par semaine. « Je pensais que nous bâtirions une grande banque d'investissement mais ce n'était pas le tempérament d'Edouard Stern, expliquera Jean Peyrelevade au *Wall Street Journal* ; il était un jeune homme pressé [1]. »

Parmi les opérations montées avec le concours de la banque Stern, certains échecs sont parfois cuisants, comme l'OPA sur la Société Générale de Belgique lancée par le financier italien Carlo De Benedetti, un ami de l'escroc Flavio Fiorini, fondateur avec lui de la trop célèbre banque Ambrosiano. Benedetti (qui sera blanchi par la justice italienne pour ses liens avec la banque Ambrosiano et la fameuse loge P2) était alors conseillé par Alain Minc – toujours lui. Le condottierre ne s'en relèvera jamais vraiment. Minc non plus, qui se cantonnera ensuite dans le métier de conseiller en stratégie des grandes entreprises, en essayiste à succès, sans oublier son rôle important au journal *Le Monde*, d'abord comme président de la société des

---

1. *Wall Street Journal*, 14 avril 2005.

lecteurs, enfin comme président du conseil de surveillance. La banque Stern, elle, touchera ses commissions. Mais cet échec laissera un goût de fiel dans la bouche d'Edouard : il n'aura de cesse de chercher des poux dans la tête de Suez, le chevalier blanc de la Société Générale de Belgique, celui qui a fait échouer l'OPA.

En 1987, pour la première fois, Edouard Stern prend un poste officiel dans la banque qu'il possède : il en est le vice-président, aux côtés de Jean Peyrelevade. Mais il se trouve face à un dilemme. La réélection de François Mitterrand, en mai 1988, et le retour de la gauche semblent inéluctables. Forcément, Peyrelevade va être appelé à de nouvelles et hautes fonctions. N'est-ce pas le moment de vendre ? C'est le conseil que lui donne Jimmy Goldsmith, son mentor en affaires, lors d'un séjour dans sa luxueuse propriété mexicaine, sur la côte Pacifique, où l'on contemple le coucher de soleil sur l'océan en compagnie d'invités prestigieux comme le président Ronald Reagan, celui du Mexique, le magnat australo-américain de presse Rupert Murdoch, ou bien sulfureux comme Michael Milken et Leon Black, les dirigeants de la banque Drexel Burnham Lambert, inventeurs des *junk bonds*, ceux-là mêmes qui convaincront le Crédit Lyonnais d'acheter en sous-main le portefeuille d'actions de la compagnie californienne Executive Life, une aventure qui coûtera sans doute plus d'un milliard de dollars aux contribuables français [1]. Jimmy Goldsmith est dans une phase pessimiste mais clairvoyante. Il considère

---

1. Voir à ce sujet Airy Routier, *L'Arnaque, quand l'Amérique rackette la France*, Grasset, 2005.

que tout est trop cher et que la bulle financière – déjà ! – va éclater. Il prédit l'effondrement prochain du système financier et prêche pour la liquidité des actifs. Edouard Stern se laisse convaincre. Il prend la décision de vendre la banque, sa banque. Alors que c'est au nom de la continuité et de la dynastie qu'il l'avait soufflée à son père quelques années plus tôt, en l'empêchant de la vendre aux Rothschild !

Les acquéreurs potentiels ne manquent pas. A commencer par Alain Gomez, le patron de Thomson, qui souhaitait marier sa filiale Thomson Finances, présidée par Jean-François Hénin, à la banque Stern. C'est Hénin qui négocie avec Edouard. Il pose une seule condition au jeune propriétaire : « On veut bien tout reprendre, mais pas Peyrelevade, c'est un con. » Pervers, Stern s'était évidemment empressé de répéter le propos à l'intéressé [1]. Mais Stern trouve beaucoup mieux que Thomson. Un vrai pigeon. Celui-ci n'est plus libanais, comme Roger Tamraz (celui qui avait acheté la première fois sa banque), mais suisse : il s'agit de la Société de Banque Suisse (SBS, aujourd'hui passée dans le giron de l'Union des Banques Suisses).

La négociation est au couteau. « Edouard Stern avait une façon bien à lui de négocier, raconte un proche ; s'il parvenait à un accord, il était furieux, convaincu qu'il aurait pu obtenir mieux. Il fallait que la corde casse, c'était pour lui la seule façon de voir

---

1. C'est l'une des raisons pour lesquelles Peyrelevade, lorsqu'il prendra la présidence du Crédit Lyonnais en décembre 1993, se débarrassera rapidement de Jean-François Hénin, devenu entre-temps président d'Altus Finance, filiale de la banque.

où se situe le point de rupture. Alors il revenait et concluait. » Le résultat, avec la SBS, est proprement ahurissant : il vend 1,75 milliard de francs une banque partie de rien, avec six personnes, quatre ans plus tôt. Une banque qu'il aura ainsi vendue deux fois !

Il est vrai que c'est l'époque où la plus miteuse des sociétés de Bourse, avec son agent de change, se vend 500 millions de francs, où les petites structures pèsent plus, sur les marchés, que les dinosaures, où la petite banque Duménil Leblé, virtuelle et médiatique, vaut plus cher que tout le Crédit Commercial de France. Jimmy Goldsmith avait vu juste. Edouard Stern a vendu au plus haut. A trente-quatre ans, il devient l'un des hommes les plus riches de France. L'immeuble de la rue de Penthièvre, qui appartient à la famille et non à Edouard seul, n'est même pas dans le deal. Les Suisses ont payé une fortune pour acquérir une équipe ultra-performante, mais qui n'est pas verrouillée et se révélera volage, avec Stern, Minc, Peyrelevade. Et Garbolino !

Ayant vendu sa banque, Edouard Stern en devient pour la première fois le patron en titre. Le deal avec la SBS prévoyait, par contrat, qu'il reste en place et prenne la présidence. Mais Jean Peyrelevade s'en va. Et Minc passe à autre chose. Comme prévu, François Mitterrand a été réélu, les élections législatives ont été gagnées dans la foulée par les socialistes et Michel Rocard a enfin obtenu d'aller à Matignon. Peyrelevade est nommé à la présidence de l'Union des Assurances de Paris (UAP), au centre d'un entrelacs de participations qui font de cette compagnie d'assurances publique le *deus ex machina* du nouveau capitalisme d'Etat. Pour le remplacer, Edouard Stern fait appel à Philippe Jaffré, qui piaffait au Trésor, avec le titre de directeur général.

Jaffré est inspecteur des Finances, mais ses liens avec Stern ne sont pas ceux d'un père de substitution. De la même génération que lui, ce justicier aux lèvres fines et au visage en lame de couteau est un personnage complexe et tourmenté. Surnommé Macintosh, en raison de son goût prononcé pour le monde binaire de l'informatique – il classe ses amis et relations en fonction de leur degré d'intimité, établissant une hiérarchie explicite entre ceux avec lesquels on déjeune, ceux avec lesquels on dîne ou ceux qu'on invite chez soi.

C'est au contact de Philippe Jaffré que j'ai découvert, en octobre 1999, à quel point la violence latente dans le monde du *big business* était compatible avec les comportements personnels les plus étranges, touchant notamment à une certaine forme de sadomasochisme. Jaffré venait d'être écarté de la présidence d'Elf, avec d'énormes indemnités et des stock-options correspondant à un pactole global de 40 millions d'euros environ. Une semaine avant son départ, sa secrétaire m'invite à partager un petit déjeuner avec lui. J'accepte, intrigué et vaguement inquiet. Car je sais que Philippe Jaffré a été outré par le livre consacré à l'affaire Elf que Valérie Lecasble et moi avons écrit[1]. Notre regard sur l'affaire lui était insupportable. Alors que Philippe Jaffré n'a cessé de diaboliser son prédécesseur Loïk Le Floch-Prigent et de se présenter lui-même comme un chevalier de Sainte-Croix, ange purificateur de toutes les corruptions, nous avons décrit

---

1. *Forages en eau profonde, les secrets de l'affaire Elf, op. cit.*

les trois principaux protagonistes, Le Floch, Jaffré et la juge Eva Joly, comme appartenant à un trio de haine et d'ambition, où on ne se fait aucun cadeau ; qu'il n'y avait pas plus de scrupule à attendre de la juge et de la partie civile que de l'accusé ! Plus grave : nous avions écrit qu'en portant plainte au pénal contre son prédécesseur, sur les conseils de son avocat et ami Kristen Van Riel[1], au lieu de nettoyer discrètement les écuries d'Augias, Jaffré avait ouvert la boîte de Pandore. Et que l'establishment français, d'une manière ou d'une autre, le lui ferait payer. C'est exactement ce qui s'est passé : quand Total a lancé son OPA sur Elf, Jaffré n'a pas trouvé le moindre soutien. De façon peu rationnelle, Philippe Jaffré estimait que Valérie Lecasble et moi étions, en partie, à l'origine de sa chute.

Les messagers du malheur ne sont jamais bien accueillis. Aussi, lorsqu'à 8 h 30, je prends l'ascenseur jusqu'au dernier étage de la tour Elf, dans le quartier de la Défense, je me demande quel coup fourré Jaffré a bien pu me préparer. Pendant les trois premiers quarts d'heure, rien ne se passe. Jaffré, qui m'a accueilli aimablement, parle du café qui n'est pas assez chaud, des croissants, des travaux autour de la Défense. Il va à la fenêtre pour me décrire les principaux chantiers, s'attarde sur les encombrements parisiens et c'est vrai que les voitures, passé 9 heures, sont immobilisées sur le boulevard circulaire. La belle affaire ! Autre fenêtre, autre panorama, mêmes propos vides de sens. J'hallucine, sans me découvrir. Et puis soudain, yeux de braise et mâchoire serrée, la question fuse :

---

1. Voir chapitre 3.

– Pourquoi me détestez-vous ?

On y est. Ne pas se découvrir. Réponse hypocrite :

– Je ne vous déteste pas. Je n'ai pas les mêmes analyses que vous, cela ne va pas plus loin.

– Si si, vous me détestez. Il suffit de vous lire. Je le sais. Pourquoi ?

– Non, je ne vous déteste pas. Je n'ai tout simplement pas aimé votre acharnement contre votre prédécesseur alors que celui-ci était à terre, en prison, dans l'impossibilité de vous répondre. D'autant que je pense que tous les patrons d'Elf ont, à des degrés divers, agi d'une façon que l'on qualifie aujourd'hui d'illégale. Et que vous-même, au Nigeria...

La tentative d'engager la conversation sur le fond et, pourquoi pas, de cueillir de nouvelles informations est inutile. Les veines de Philippe Jaffré battent ses tempes. Les lèvres, déjà fines, ne forment plus que deux traits. Il est blanc. Il reste sur son terrain, tout en violence contenue :

– J'ai fait ce que je pensais devoir faire. Votre opinion de journaliste sur Le Floch et Eva Joly m'importe peu. Je veux que vous me disiez franchement pourquoi vous me détestez moi, Philippe Jaffré.

– Parce que vous symbolisez tout ce que je déteste !

La phrase, prononcée sur un ton violent, a fusé. Elle m'a échappé. Rien à voir avec les questions impertinentes ou légèrement provocatrices que le journaliste pose, parfois dans une atmosphère de complicité factice, à un homme politique ou un grand patron. Pour la première fois, dans le cadre de mon métier, face à Jaffré, ma carapace protectrice s'est fendue. Clairement, c'est ce qu'attendait cette intelligence froide :

– C'est quoi, tout ce que vous détestez en moi ? Soyez plus précis !

Je tente de battre en retraite :

– Non, rien de particulier, vous savez bien que tout nous oppose.

– Allons, allez-y ! Je ne savais pas que vous manquiez de courage...

– Vous voulez savoir ? Eh bien, je ne vous déteste pas, je vous méprise. Je vous méprise parce que vous êtes quelqu'un de méprisable, fort avec les faibles, faible avec les forts. Parce que vous êtes cupide et médiocre, ce qui est impardonnable compte tenu de votre intelligence et de votre situation. Je vous méprise parce que vous ne cessez de mentir, parce que vous méprisez tout le monde, du haut de votre tour d'ivoire. Parce que vous mettez tout en fiche, y compris vos amis, parce que vous êtes dénué de toute épaisseur, de toute humanité. Parce que vous êtes un tartufe qui vous exonérez de tout, alors que vous savez bien ce que je sais de vous...

Jamais je n'avais parlé comme cela à quiconque, en tout cas dans le cadre de ma vie professionnelle. Je me suis mis dans une position délicate, d'autant que je ne pense pas tout de ce que je viens de dire. Me suis-je fait piéger ? Ai-je été enregistré à mon insu ? Mes propos seront-ils rapportés ? Où et à qui ? Devant un tribunal, pour démontrer ma mauvaise foi ?

Rien de tout cela. Devant moi, Philippe Jaffré en redemande. Et moi, j'en rajoute. La conversation, si l'on peut appeler ainsi le tombereau d'insultes que je lui déverse sur la tête et qu'il reçoit avec un plaisir manifeste durera jusqu'à 11 heures du matin ! C'est moi qui craque le premier. Il me raccompagne jusqu'à l'ascenseur :

– Cet échange était passionnant. Il faudrait qu'on

se revoie. Voici mon numéro de portable. N'hésitez pas à me rappeler.

– Volontiers. A bientôt.

Quand je suis parti, il n'y avait plus d'embouteillages sur le boulevard circulaire de la Défense.

Je rappellerai Philippe Jaffré une seule fois. Et tomberai sur un mur :

– Vous ne manquez pas de toupet, me dit-il, avant de raccrocher.

Le charme était rompu. J'ai compris ce jour-là, pour la première fois, en haut de la tour Elf, avec quelle facilité le masochiste peut réveiller le sadique qui sommeille en chacun de nous. Et réciproquement.

Dix ans plus tôt, il n'est pas question de sadisme ni de masochisme. Jaffré, qui est de droite mais pas encore balladurien, est révulsé par l'ostracisme dont il est l'objet. Il a compris que le poste de directeur du Trésor qu'il visait lui échappera avec la nouvelle majorité de gauche. Aussi rejoint-il, à contrecœur, le monde de la banque privée aux côtés de son ami Edouard. Mais il n'y restera que quelques mois, après quoi il rejoindra la caisse centrale du Crédit Agricole, un poste que ce fonctionnaire dans l'âme estime davantage à sa mesure. Lui succède Jacques-Henri David, alors n° 2 de Saint-Gobain. Mais en vérité, fondue dans l'ensemble de la Société de Banque Suisse, la banque Stern n'existe plus vraiment. Edouard Stern en est le premier conscient : la simple idée de devoir rendre des comptes à quelqu'un l'insupporte. Il est tombé de haut : pendant la négociation, il était traité comme un seigneur. Mais dès l'affaire conclue, il a eu le sentiment de ne plus exister. « Une fois la négociation achevée, vous ne parlez plus aux n° 1 ou 2 de la

SBS mais aux n° 51 ou 52, déplore le propriétaire devenu salarié. C'est le règne des procédures, des plans à cinq ans avec cinq cents pages de documents[1]. »

Stern est président en titre d'une banque qui n'existe plus vraiment. Sa tête est ailleurs. Il prépare un bon coup : la prise de contrôle d'Elysée Investissements, une société de capital-risque cotée au second marché de la Bourse de Paris, créée trois ans plus tôt par Lionel Barras, un homme d'affaires britannique habitant en France. Ce dernier va trouver plus malin que lui. Barras se rend compte que sa société est convoitée à la fois par le groupe de Vincent Bolloré et par Gaz et Eaux, une société de la galaxie Lazard. Il cherche donc à se constituer un tour de table défensif et ne trouve rien de plus intelligent que d'aller chercher Edouard comme chevalier blanc. Avec son accord, celui-ci achète du papier en Bourse jusqu'à détenir 20 % du capital.

Mauvaise pioche : Stern s'est entendu en sous-main avec Dominique de La Martinière, le président de Gaz et Eaux. Le jour de l'assemblée générale, le 26 octobre 1988, celui-ci prend la parole et demande la révocation du conseil d'administration. Stern soutient cette motion. Barras tombe des nues : son chevalier blanc était un cheval de Troie. La salle est pleine d'actionnaires qui soutiennent les attaquants. Barras a été pris par surprise. Il n'a pas assez de pouvoirs ni assez de temps pour rameuter ses amis. Les résolutions sont votées, Barras est débarqué, prié de se consacrer exclusivement à sa propriété de Chantilly et remplacé par Dominique de La Martinière. Cette éviction bru-

---

1. *Le Nouvel Economiste*, 25 août 1995.

tale fait l'effet d'une bombe dans l'establishment des affaires : c'est la première fois en France – en tout cas depuis la guerre – que le président d'une société cotée est débarqué en pleine assemblée générale. D'autres suivront. Mais en réussissant ce putsch, après la prise de contrôle de la banque familiale, Stern va se forger, ce jour-là, cette réputation de flibustier des affaires qui ne le quittera plus.

Barras aurait dû se douter qu'Edouard pouvait difficilement se placer en opposition frontale face à la banque Lazard et qu'il avait plutôt toutes les raisons d'en être le complice. Car Lazard est tout de même présidée par son beau-père et il s'y voit déjà ! Il n'est pas le seul. Tous les gens informés, à Paris et à New York, se doutent bien qu'il rejoindra Lazard un jour ou l'autre, lorsqu'il aura volé assez longtemps de ses propres ailes. La confirmation du soutien de Lazard viendra quelques mois plus tard : Stern n'a pas agi pour Dominique de La Martinière, c'est tout le contraire. Edouard Stern lance une OPA sur la société Elysée Investissements... avec son accord et à un prix inférieur de 40 % à sa valeur à la casse. Les petits actionnaires ont toujours bon dos !

Si Barras avait eu un peu plus de nez, il aurait su qu'il était bien imprudent de vouloir opposer Stern à Lazard. Ne serait-ce que parce que Edouard passait plusieurs week-ends par an et une partie de ses vacances dans l'incroyable propriété des David-Weill, *Sous le vent*, qui occupe plusieurs hectares à la pointe du cap d'Antibes, le site le plus cher de toute la Côte d'Azur. En juillet, les David-Weill prêtent en effet leur propriété de nabab, entretenue par un personnel abondant – cuisinier, jardinier, femmes de chambre – à leurs filles, qui y invitent leurs amis, le plus souvent hors de leur présence. Aux enfants qui jouent sur la terrasse, se mêlent parfois des banquiers ou quelques clients importants. Stern adore y mélanger les genres et les personnages, faire côtoyer son beau-frère Henri Weber, socialiste, avec l'ultra-libéral Jimmy Goldsmith ou d'autres patrons de cette trempe. Il discute des heures avec Jérôme Mangin, le beau-frère de sa sœur Marguerite, qui est broker et semble le fasciner. On parle politique, mais aussi finances, coups à monter, on joue au tennis, on fait des parties de poker ou de gin-rummy. Edouard Stern a la fâcheuse habitude de parier sur tout, aux cartes mais aussi au tennis. Henri Weber a toujours été plus fort que lui. Un jour, Edouard lui lance un défi :

– 100 francs à 10 contre 1 que je te mets 6 à 0 !

– Tu rêves ? D'accord.

Stern empochera ses 1 000 francs.

Avec Jimmy Goldsmith, les enchères sont beaucoup plus élevées. Le tycoon franco-britannique n'est plus aussi agile que par le passé. Les deux hommes font des parties à handicap. Et à mesure que la partie avance, ils se lancent l'un l'autre des défis :

– Le prochain point est à 100 dollars !

– Non, à 1 000 dollars !

– D'accord.

Salarié, Edouard ? Cela ne pouvait pas durer bien longtemps. En 1989, il vend l'immeuble de la rue de Penthièvre pour 600 millions de francs, une transaction une nouvelle fois opérée en haut de cycle. Sa famille, sur laquelle tombe cette manne, se félicite : le petit Edouard – il n'a que trente-cinq ans – a vraiment la main heureuse. L'immeuble vendu, dès la fin de son contrat qui le lie à la SBS, Edouard quitte Stern et décide d'aller habiter... en Suisse, avec sa famille. En raison de l'impôt sur la fortune, qui a été rétabli. Or Stern ne bénéficie plus de l'exemption liée à l'outil de travail, puisqu'il a vendu la banque. Il emménage donc à Cologny, un lieu fort prisé des Français qui s'installent, de plus en plus nombreux, pour fuir le fisc. L'endroit ne paye pas de mine mais il faut tout de même assurer. Il m'est arrivé d'être invité (pas par Stern !) dans « le bon petit restaurant italien du coin » ; avec ses nappes à carreaux et ses couverts en inox, l'addition s'élevait tout de même à 140 euros d'aujourd'hui par personne, à condition d'éviter le risotto aux truffes blanches, spécialité de la maison ! Dans cette banlieue de Genève la plupart des grandes maisons modernes qui s'étagent sur des collines surplombant la rive sud du lac Léman ne sont pas à la portée des regards. Celle de la famille Stern bénéficie d'une piscine mais elle est plutôt banale. La maison est surtout mal insonorisée, alors qu'elle jouxte la route à fort trafic qui borde le lac. Résultat : « On s'emmerdait le jour et on ne dormait pas la nuit », se souvient l'un des couples qui se rendait régulièrement aux invitations des Stern.

C'est d'ailleurs là un trait particulier de l'homme. Tout milliardaire qu'il est, il est loin de vivre dans un luxe tapageur. Il a, par exemple, acheté un « château en Bourgogne », près de Saint-Fargeau, dont la presse a fait grand cas, affirmant que « s'y rencontraient tous les hommes et femmes d'influence de la politique et des affaires ». Il s'agit en réalité d'une grande bâtisse située à Bléneau, aux confins de l'Yonne et du Loiret, sans charme ni intérêt particuliers. Et en Bourgogne, comme à Cologny, les Stern invitaient plus volontiers des amis ou des relations pour le week-end que le top du gotha. Les invitations des Stern ne se refusent pas. Mais elles ressemblent parfois à des corvées, compte tenu de l'éloignement de Paris. Pas de décorum : Stern reçoit ses amis à la bonne franquette. Il n'y a pas de domestique à demeure, on fait réchauffer les plats, on dîne dans la grande cuisine. Les conversations consistent souvent à taper sur le monde entier, ou alors à jouer au qui baise qui. « C'était un concours de langues de putes, se souvient un convive régulier : mais il est vrai que les discussions étaient vives et intelligentes, avec une bonne dose de méchanceté. C'était typiquement parisien. »

Parfois, heureusement, Edouard changeait de registre. Cet excellent conteur pouvait décrire les grandes batailles de l'histoire comme si c'était lui qui les avait conduites et gagnées. Bien sûr, il se mettait toujours dans la peau du gagnant, jamais du perdant. Quand il partait dans ses narrations, personne ne devait l'interrompre. Edouard Stern a lu à peu près tous les grands auteurs, avec une prédilection pour Baudelaire, Proust, Balzac ou Saint-Simon. Sa culture n'était pas superficielle : doté d'une mémoire phénoménale, il était capable de déclamer un poème ou des phrases entières qui l'avaient marqué. Mais il était loin d'être un intellectuel coupé de la réalité. Tous ses invités dans la maison de Toscane qu'il a louée plusieurs années de suite se souviennent de son intense excitation, en juillet 1998, devant le grand écran qu'il avait fait installer pour suivre le parcours royal de l'équipe de France à la Coupe du monde de football. Edouard encourageait Zinedine Zidane et ses coéquipiers de la voix et du geste, communiquant son enthousiasme à toute une brochette de grands patrons et de beautiful people, de Lindsay Owen-Jones à Alain-Dominique

Perrin, président du groupe de luxe Richemond (Cartier), en passant par Nicolas et Cécilia Sarkozy, Dominique Strauss-Kahn et Anne Sinclair, Maryvonne Pinault, l'épouse du milliardaire français et bien d'autres.

Mais son comportement peut être parfois carrément choquant. « Il fait décorer luxueusement ses appartements à Paris, New York ou Genève, écrit *Le Nouvel Observateur*. Une fois, le papier peint de la chambre d'un de ses enfants lui déplaît. Il enfonce un tournevis dans le mur et méthodiquement fait le tour de la pièce en déchirant la toile, sous les yeux du peintre ébahi qui refera les enduits[1]. » En compagnie, il tente cependant de donner le change. Chez lui, à Cologny comme à Bléneau, Edouard fait des efforts énormes pour garder le contrôle de lui-même, pour se montrer sous son meilleur jour. Il est affable et prévenant. Parfois, visiblement, cela lui coûte. Il est ailleurs, prêt à bondir, toujours imprévisible. Où qu'il soit, devant n'importe quelle assemblée ; il entre parfois dans des colères d'une violence inouïe sur un mot, une futilité. Lorsqu'il se sent tout simplement contrarié.

Un jour, au début des années quatre-vingt-dix, Edouard Stern est invité chez des amis au château de Canisy dans le Cotentin, non loin de Saint-Lô, dans le pays d'Alexis de Tocqueville. Ses robustes tours médiévales se dressent au milieu d'un domaine forestier de 300 hectares, bordé d'un étang romantique. Dans cet endroit de rêve, où se déroulent des fêtes somptueuses, il y a ce jour-là de nombreux invités, parmi lesquels Joan Baez, qui connaît depuis longtemps le

---

1. *Le Nouvel Observateur*, 10 mars 2005.

propriétaire des lieux. Alors que Stern joue au bridge, dans la pièce voisine, Joan Baez prend sa guitare et se met à chanter *Brasilias Brasiliera*. Stern montre aussitôt des signes d'agacement. Puis annonce, d'une voie tonitruante : « Deux piques. » On lui fait signe de parler plus doucement. En élevant encore plus le ton, il monte les enchères : « Trois piques. » Tout le monde fait : « Chut ! » Alors Stern sort de ses gonds et se met à hurler : « J'en ai rien à foutre de cette vieille star des sixties qui gratte sa guitare et braille avec sa voie éraillée des airs ringards ! » Joan Baez, qui parle et comprend parfaitement le français, a rangé sa guitare et quitté la pièce... Personne ne savait plus où se mettre. Pas même lui. Car l'esclandre passé, il arrive à Stern de s'excuser, les larmes aux yeux. En privé comme en affaires, que ce soit ses collaborateurs ou ses partenaires, il prévenait parfois : « Ne tenez pas compte de ce que je peux vous dire si je suis blessant. Il m'arrive d'être *out of control*. » « Il essayait d'être gentil, se souvient une de ses amies. Il savait qu'il avait des problèmes, qu'une bête, qu'il refrénait, couvait en lui. Il était très lucide vis-à-vis de lui-même. »

Chapitre 13

Lazard

Michel David-Weill finit par trancher en sa faveur : il avait donné la main de sa fille à ce diable d'Edouard et celle-ci n'avait pas eu à le regretter. Elle vient ainsi de lui donner son troisième petit-fils, Henry. Le grand patron va ouvrir à son gendre les portes de sa banque. Derrière ses allures de mauvais garçon, il devine en lui l'homme sensible qui compense sa timidité – certains Américains l'ont même surnommé *Mister Shy* – par une nette agressivité qui lui a valu d'ailleurs le surnom inverse : le cobra. Mais surtout, il réalise que son gendre est un financier hors pair, montrant une intelligence brillante, une complète autonomie de réflexion à quoi s'ajoute une ouverture au monde étonnante : il est à la fois sportif et mélomane, amateur d'art moderne et de littérature. Ce qui tranche dans un monde du big business où l'argent tient souvent lieu de culture, où des personnalités éminentes se révèlent souvent d'une incroyable pauvreté intellectuelle. Ce qui explique en partie leur caractère moutonnier et leur incapacité à prévoir les ruptures ou les inflexions de tendances. En mai 1992, Michel David-Weill, nouveau père de substitution, nomme donc son gendre *general partner* (associé) de Lazard Brothers and Co, à

New York. La démarche est prudente. Le grand patron s'emploie à rassurer la soixantaine d'associés américains : « La maison s'est toujours efforcée de dissocier les liens de famille, la détention du capital et la réussite, leur explique-t-il. Edouard Stern me semble avoir les qualités requises. Il a été choisi non parce qu'il est mon gendre mais en dépit de cela. Dans cinq ans, je saurai s'il correspond à la philosophie de Lazard. » Rien n'est dit et rien ne le sera jamais, mais tous les associés, à New York comme à Paris, ont compris : Edouard Stern sera leur futur patron.

Michel David-Weill a fait un pari : tout comme il s'est assagi aux côtés de sa fille, devenant un père confondant d'attention et de tendresse avec ses trois enfants, son gendre, croit-il, saura peu à peu se couler dans le moule Lazard. Il saura arrondir ses angles vifs. Limer ses dents. Masquer son goût immodéré pour l'argent, en particulier celui des autres. Brider son tempérament agressif. Savoir refuser un deal, même avantageux pour la banque, s'il ne l'est pas pour son client. Tempérer son impatience car, dans la banque d'affaires, savoir attendre est la condition souvent nécessaire pour gagner encore plus. Bref, devenir un parfait associé de la banque Lazard et peut-être, un jour, son président. Le choix de l'envoyer à New York est cohérent. Là-bas, adorer le veau d'or est loin d'être un péché. Tout comme la rudesse des comportements et l'expression brutale des ambitions. C'est donc un excellent sas pour venir, plus tard, à Paris, la plus prestigieuse des trois maisons Lazard, dans un univers différent, où tout banquier d'affaires doit savoir faire montre d'une certaine componction et d'une forte dose d'hypocrisie.

Edouard va donc s'installer à New York. Il confie la gestion de son capital personnel au fidèle Michel Garbolino. Après la réussite de l'OPA sur Elysée Investissements, il l'a mis à la présidence de cette société d'investissement. Fin 1988, il lui avait déjà cédé sa place à la tête de la Compagnie financière de Penthièvre, sa société personnelle. Toujours le même principe qu'à la banque Stern : pourquoi être président quand on est propriétaire ? Seul aux commandes, sous le regard plus lointain de Stern, Garbo va donner toute la mesure de son talent. Il achète et vend des actifs, lance des offres publiques d'échange (OPE) et de retrait (OPR), n'arrête pas de « mettre ses couilles sur la table » pour se retrouver, en 1995, à la tête d'une société implantée à Paris, Londres et New York. Exactement comme la banque Lazard ! Une société qui sera valorisée 1,5 milliard de francs en 1995.

Sous la houlette de Garbo, les sociétés d'Edouard connaissent de nombreux succès, mais aussi des échecs qu'il accepte mal : il a toujours été mauvais perdant, y compris au poker, au bridge ou au tennis. Il perd quelques centaines de millions de francs dans le radiotéléphone, dans des murs hôteliers et dans la folie du moment : la construction de golfs dans toute la France. Il a failli acheter la banque Duménil Leblé à Carlo De Benedetti, sur les conseils d'Alain Minc, qui voulait s'en débarrasser. Michel Garbolino se fait même nommer président, comme un poisson pilote, mais démissionne au bout de quelques semaines, ayant vite vu « que cette banque était une merde ». Le pire a été évité.

En revanche, l'affaire de la Compagnie de Gestion et de Participation, une entreprise textile, va poser de vrais problèmes à Edouard. En août 1989, par un de ces coups de force dont ils ont le secret, Stern et Garbo évincent Marc Rozenblum de la CGP, qui devient une filiale de la Compagnie de Penthièvre et dont Garbo prend la présidence. Mais c'était un mauvais plan. Les commissaires aux comptes refuseront de certifier les comptes et, huit mois plus tard, une procédure de redressement judiciaire est ouverte après le dépôt du bilan de la CGP. Le passif est évalué à 300 millions de francs. Stern perdra 200 millions de francs. Mais surtout une bonne part de son crédit : car l'affaire aura des conséquences judiciaires.

Après deux ans passés à New York avec sa famille, en 1994, Edouard Stern est enfin coopté associégérant de Lazard Frères et Cie à Paris, la plus prestigieuse des trois maisons. Le voilà donc adoubé dans le saint des saints de la banque, cette institution hors normes, qui fait l'objet d'un article de dix pages dans *Vanity Fair*, le plus glamour des magazines américains. Tous les journaux, même non économiques, en parlent à un moment ou à un autre. On sait que c'est elle qui a sauvé le franc en 1924 et que tous les gouvernements français, depuis, conservent une manière de dette auprès d'elle. C'est un peu la principauté de Monaco de la finance. On raconte qu'elle a été créée en 1848 par des Lorrains, les frères Lazard, émigrés aux Etats-Unis, d'abord à La Nouvelle-Orléans puis à San Francisco. Ils y ont ouvert une quincaillerie : c'est l'époque de la ruée vers l'or et les chercheurs ont besoin de matériel. Mais ils ont surtout besoin d'argent : pour les satisfaire, la quincaillerie se transforme vite en une banque prospère.

C'est alors que les frères Lazard appellent à la rescousse leur cousin Weill, prénommé Alexandre, qui s'en retournera par la suite à Paris et montera une filiale à Londres. Michel David-Weill est l'arrière-petit-fils de ce pionnier.

Rien ne s'y passe comme ailleurs. L'immeuble parisien qui abrite ce monument de la haute finance internationale, au 121 boulevard Haussmann, est d'une affligeante laideur. Si discrète qu'aucun panneau ne l'indique, l'entrée est protégée par un sas de deux portes électroniques surveillées par des huissiers. Ce qui ne lui enlève rien, bien au contraire, de son influence et de sa célébrité, sans commune mesure avec son importance réelle ; même si elle a organisé, parmi d'autres, les fusions Peugeot Citroën, Louis Vuitton Moët-Hennessy, Vivendi Universal ou Air France KLM, elle s'est fait dépasser, dans le domaine des fusions-acquisitions, par des banques américaines comme Goldman Sachs, Morgan Stanley, Merrill Lynch, ou même françaises, comme Rothschild ou Paribas. Il n'empêche : en 1994, le prestige de cette institution non cotée en Bourse, qui conseille de nombreux gouvernements dans le monde, est intact. S'ajoute une aura de mystère, entretenu par une organisation archaïque : les maisons Lazard sont présidées par un seul homme, Michel David-Weill, qui distribue les bénéfices comme bon lui semble, en fonction des résultats ou de la cote de chaque associé[1], et qui se sert en premier, avec une rémunération de pharaon. Descendant direct de l'un des fondateurs de la ban-

---

1. Il est vrai qu'il y a une certaine logique à ne pas être rémunéré strictement aux résultats car certains deals n'aboutissent pas alors qu'ils ont demandé un travail considérable tandis que d'autres se font pratiquement tout seuls. Mais David-Weill use et abuse de ce pouvoir discrétionnaire avec un plaisir mal dissimulé qui confine, selon certains associés, au « sadisme ».

que Lazard, Michel David-Weill a succédé en 1975 à son père, à la tête de Lazard Paris, et en 1979 à André Meyer, le patron de Lazard New York. Grand amateur d'art, il est membre de l'Institut de France, président du conseil artistique de la Réunion des musées nationaux, membre de la Société des Amis du Louvre. Côté jardin, il possède l'une des plus belles collections privées de tableaux au monde. Côté cour, il a un discret penchant pour les livres et les bandes dessinées érotiques voire pornographiques. C'est un homme retors, feutré mais cassant avec ses collaborateurs, qui entretient avec les clients de la banque une relation parfaitement hypocrite. Il les cajole tant qu'ils sont au faîte de leur puissance, mais s'en désintéresse totalement dès qu'ils ne sont plus au pouvoir. Sa vision du monde est totalement déformée par le prisme de l'argent roi.

L'arrivée de M. Gendre ne passe pas inaperçue. Cette fois, il est clair qu'ayant franchi l'épreuve américaine avec succès, il est lancé sur la trajectoire qui doit le conduire à la présidence de la banque Lazard. « Ce séducteur ténébreux, campé sur son 1 mètre 97, à l'œil charmeur, au sourire énigmatique et à la chevelure sombre, semble avoir toutes les qualités requises pour accéder, le moment venu, au saint des saints de la haute finance française, écrit ainsi Valérie Lecasble dans *L'Evénement du Jeudi*. Seulement voilà : dans cet univers si policé, on s'interroge. Edouard Stern parviendra-t-il un jour à se couler dans le moule ? Saura-t-il apprivoiser ses collègues, avec son caractère de cochon, sa vision perso des affaires, ses coups de gueule brutaux, voire insultants, et son avidité pour l'argent[1] ? »

---

1. *L'Evénement du Jeudi*, 4 mai 1995.

Stern arrive tout auréolé de son prestige. « Il n'y a aucun exemple dans notre génération de quelqu'un qui ait fait autant d'argent en aussi peu de temps[1] », dit de lui son ami Lindsay Owen-Jones.

Il a encore réussi un beau coup, à titre personnel. Il vient de gagner une petite fortune. Il avait troqué une participation dans Saint-Gobain contre 25 % de la Compagnie Immobilière Phénix. Anticipant l'explosion de la bulle immobilière, Stern en avait revendu une partie au plus haut et échangé le reste contre un gros ticket dans le câble en Grande-Bretagne, qui en est à ses balbutiements, avec un rendement garanti de 20 % par an pendant cinq ans. Lors de l'introduction en Bourse de General Cable en 1995, la participation de Stern est évaluée à 1 milliard de francs, le double de sa mise. Plus-value : 500 millions. Il récoltera tout car il a pris soin entre-temps de racheter toutes les actions des minoritaires au capital d'Elysée Investissements, toujours dirigé par Michel Garbolino.

Première surprise chez Lazard : Edouard amène avec lui son fidèle Garbo, avec son air rustique et sa paire de couilles qu'il veut toujours, même ici, mettre sur la table. Bien que virtuelle, cette menace est tout de même de nature à affoler à la fois les associés de la noble maison qui veillent jalousement sur leurs prés carrés et les jeunes surdiplômés qui piaffent d'impatience devant la brochette de gérontes accrochés à leur pouvoir et à leurs réseaux. Le tapis rouge est déroulé devant Stern mais l'intégration va se révéler très difficile. C'est d'abord Jean-Marie Messier qui va quitter Lazard pour rejoindre la Compagnie générale des Eaux, rapidement rebaptisée Vivendi. Officielle-

---

1. *Le Nouvel Economiste*, 25 août 1995.

ment, son départ n'est pas lié à l'arrivée de Stern : en remplaçant Guy Dejouany, en changeant le nom de la société rattrapée par un certain nombre d'affaires de corruption, l'establishment français, à travers Messier, entend régler en douceur les problèmes de la Générale des Eaux, à l'inverse de ce qu'a fait Jaffré chez Elf. Mais en réalité, c'est bien l'arrivée de Stern chez Lazard qui a conduit Messier à accepter la proposition d'Ambroise Roux, fondateur et président de l'Association française des entreprises privées (Afep), qui est toujours le parrain et le faiseur de rois de l'establishment des affaires. Lorsque David-Weill avait coopté Jean-Marie Messier comme associé-gérant de Lazard[1], en 1989, il lui avait clairement laissé entrevoir qu'il pourrait en devenir, le moment venu, le président. Messier était le plus jeune des associés de Lazard. Mais, aussi brillant qu'il fût, J2M était assez clairvoyant pour se rendre compte que, face à M. Gendre, la route qui menait au poste suprême lui était coupée.

En dépit des photos de circonstance qui les réunissent lors de l'arrivée de Stern chez Lazard Paris, les relations avec Messier seront toujours tendues. Le nouveau venu ne participe pas au club éphémère de jeunes dirigeants ambitieux créé par Jean-Marie Messier. « Il ne m'y avait pas invité », avait alors souri Stern, interrogé sur ce point, avec un air détaché qui ne trompait guère. Stern n'est pas invité non plus à rejoindre l'Afep d'Ambroise Roux, qui aime pourtant dénicher de nouveaux talents, pas plus qu'au club

---

1. Messier avait été, auprès d'Edouard Balladur durant la première cohabitation, l'artisan de nombreuses privatisations dont Lazard avait tiré grand profit, aussi bien en tant que banque conseil qu'en tant qu'organisatrice de ces opérations de marché.

Entreprise et Cité de Claude Bébéar et de Jean-René Fourtou. Alors que Messier fait montre d'un activisme efficace mais feutré, qu'il séduit comme personne les vieux messieurs détenteurs du pouvoir, d'Edouard Balladur à Michel David-Weill en passant par Ambroise Roux, le nouveau venu se comporte en loup solitaire. Il n'a jamais participé à un club patronal. Il a toujours refusé de figurer dans le *Who's Who*. « Il fait tout pour ne pas être intégré mais se désespère en même temps de ne pas l'être », avait commenté à l'époque Antoine Bernheim, l'une des grandes figures de Lazard et parrain de Vincent Bolloré. Edouard Stern était pourtant membre du Siècle, l'un des clubs les plus prestigieux, qui réunit hommes d'affaires, personnalités politiques et même quelques journalistes. « Mais il est entré sur son nom, alors qu'on le connaissait encore mal, commentait cruellement, à l'époque, un membre du bureau, et il a vite compris qu'il n'y était pas à sa place. »

S'il avait attendu quelques mois de plus, peut-être Jean-Marie Messier aurait-il pu réviser sa position. Car la greffe Stern, manifestement, a du mal à prendre chez Lazard. D'abord en raison de son caractère de cochon, de sa suffisance affichée, de son mépris pour « tous les cons », c'est-à-dire pour le monde entier, à l'exception d'une vingtaine de personnes qui bénéficiaient de son indulgence. Curieusement, alors qu'il avait évité de prendre les postes de président lorsqu'ils étaient à sa portée, il court maintenant après les sièges d'administrateurs.

C'est ainsi qu'au moment de la privatisation de la Seita, en 1995, il prend, à titre personnel, 1 % du capital nouvellement créé et demande à entrer au conseil. Le président de la Seita, Jean-Dominique Comolli, un proche de Michel Charasse dont il a été le directeur de cabinet au Budget, l'accepte volontiers[1]. Un associé-gérant de Lazard à son conseil, voilà qui assure la crédibilité. Et la protection. Etrange conseil où Stern se retrouve placé à côté de Vincent Bolloré (les deux hommes se haïssent), Jean-Marc Vernes, Marc Fournier, son ami Charles-Henri Filippi et... son futur ennemi chez Rhodia, Jean-Pierre Tirouflet. Jean-Dominique Comolli est sidéré par l'assurance de Stern. Celui-ci se montre capricieux, agressif, exigeant toujours plus de résultats, en priorité par la fermeture immédiate des sites non rentables. Mais il est affûté, précis et finalement parfait dans son rôle d'administrateur soucieux de défendre les intérêts du capital. Au moment de la fusion de la Seita avec son homologue espagnol Tabacalera pour donner naissance à Altadis, Comolli est obligé de lui demander de quitter le conseil, faute de place. Stern s'exécute à regret, mais ne peut guère faire autrement : ayant apporté ses titres au moment de la fusion, il n'a plus d'argent placé dans Altadis.

Pourtant, dès qu'une place au conseil se libérera, Comolli le rappellera en tant qu'administrateur indépendant, en raison de sa compétence et de ses qualités personnelles. « Il s'est alors montré sérieux, chaleureux, solide, avec des raisonnements bien étayés et une vista financière exceptionnelle, se souvient Comolli. Il avait un charme incroyable, à la fois physique et intellectuel. Il était écouté avec attention par

---

1. Jean-Dominique Comolli est, avec Louis Schweitzer chez Renault, l'un des rares patrons d'entreprises publiques ayant fait auparavant une carrière politique à gauche que la droite a laissé en place, au moment de la privatisation.

tous les autres administrateurs. » Peut-être s'était-il transformé justement parce qu'il n'avait plus de capitaux propres investis dans l'entreprise.

Car c'est un trait de caractère singulier d'Edouard Stern. Il a un rapport névrotique avec l'argent, son argent. Il déteste le perdre, aussi bien dans les affaires que dans sa vie privée, lorsqu'il joue au bridge ou au poker. Et s'il adore en gagner, c'est par principe, pas pour le dépenser. Car sa radinerie est devenue légendaire.

Tous ses amis en témoignent. Lorsqu'ils vont lui rendre visite à Genève, il les emmène dans les petits restaurants du coin, en particulier un modeste thaïlandais où il a ses habitudes. Et c'est généralement pour leur dire : « Ce soir, bien sûr, c'est toi qui m'invites. » Lorsqu'il perd au poker, il oublie souvent de régler sa dette, en particulier à ceux qui n'oseront jamais la lui réclamer. S'il jouait au poker, au bridge (avec les bourgeois) et au gin-rummy, jamais il n'allait au casino, car on y perd son argent presque à coup sûr et il détestait ça. En revanche, il adorait plumer les autres, surtout « les pauvres » qui se mesuraient à lui.

Mais il est en même temps capable d'inviter des amis au bout du monde dans son avion personnel, un Gulfstream. « Réaction normale des gens riches, explique l'un de ses amis, à qui il est souvent arrivé de devoir payer l'addition. Il veut être aimé pour lui-même et pas pour son argent et la seule façon d'en être sûr, c'est de faire payer ses interlocuteurs. » Edouard avait d'ailleurs le même problème avec les femmes. Il doutait toujours, ne savait pas si c'était lui qu'elles désiraient ou bien sa fortune.

Il n'empêche. Pour ne pas payer, Stern ose tout : un jour, un conseiller fiscal helvétique lui adresse une facture en francs, sans préciser qu'il s'agit de francs suisses. Edouard Stern le réglera en francs français et quand son conseiller l'appellera pour lui signaler l'erreur, il partira d'un grand éclat de rire en lui suggérant d'être plus précis la prochaine fois. L'histoire ne dit pas si le conseiller a rompu toute relation avec Stern, mais c'est peu vraisemblable car on ne se sépare pas d'un client comme celui-là. Surtout si l'on est suisse...

Autre exemple : lorsque Béatrice est enceinte pour la première fois de son mari, la grossesse est à risque. Béatrice avait déjà perdu l'enfant qu'elle avait eu avec Bertrand de Villeneuve. Edouard Stern, qui avait utilisé l'argument de la négligence pour abaisser son rival, va demander à Philippe Meyer, une sommité médicale, de bien vouloir suivre la grossesse de Béatrice. Tout le service spécialisé d'un hôpital parisien est sur le pont, tandis qu'un interne est mobilisé, presque à temps plein, jusqu'à la naissance de Mathilde. En remerciement, Edouard Stern n'a pas fait le moindre don au service de l'hôpital, comme c'est la coutume chez les gens très riches, lorsque ceux-ci bénéficient d'un traitement privilégié. Il n'a même pas offert une caisse d'un grand cru à Philippe Meyer. Il l'a, tout simplement, choisi comme parrain de Mathilde ! L'histoire ne dit pas s'il a payé les dragées...

Mais ce n'est pas sa pingrerie qui, chez Lazard, sera reprochée à Edouard Stern – c'est souvent la marque des gens riches. Jamais il ne parviendra à s'intégrer dans cette maison à la culture bien particulière : on y vénère l'argent, on y tolère les pratiques les plus contestables, à la seule condition de sauver les apparences. L'hypocrisie y règne en maître. On contourne la loi, en évitant de se faire prendre. Et quand un incident survient, on utilise tout son pouvoir de persuasion, auprès du monde politique comme du monde judiciaire, pour être oublié dans la procédure. Ou bien pour être blanchi. Par exemple, lors de la prise de contrôle de LVMH par Bernard Arnault : au lieu de placer auprès du grand public, comme promis, des obligations transformables en actions, la banque les avait conservées dans des mains sûres. Et le moment venu, elles s'étaient retrouvées dans les mains d'Arnault, ce qui lui avait permis de gagner la partie[1] ! De nombreux jugements sont intervenus, mais Arnault et Lazard ont été finalement exonérés.

Autant dire que ce n'est pas, non plus, sa cupidité qui sera reprochée à Stern. C'est tout simplement son agressivité, son impatience, son mépris affiché des autres et puis, peu à peu, ses provocations.

Est-ce lié ? Edouard Stern est depuis un an seulement chez Lazard Paris qu'il va vivre une double déchirure.

En juillet 1995, Pallas-Stern, dernier avatar de la banque familiale passée de main en main depuis la vente à la SBS, dépose son bilan, après des folies immobilières. C'est la plus grosse faillite de l'histoire bancaire française. Le gouffre atteint 13 milliards de francs face à 5 milliards d'actifs au mieux. Les clients y avaient placé leur argent jusqu'au dépôt de bilan, sur la foi d'un communiqué publié fin mai : « Après trois années de restructuration, la banque Pallas-Stern envisage l'année 1995 avec confiance, dans une situation aujourd'hui assainie et compte tenu des succès

---

1. Voir *L'Ange exterminateur, op. cit.*

déjà enregistrés dans l'ensemble de ses métiers. »
Dans son malheur, Stern a eu de la chance. L'année
précédente, il s'était battu pour que Pallas-Stern
retrouve le nom banque Stern. Il était prêt, pour cela,
à y reprendre une participation. Mais l'affaire n'avait
pas abouti.

Le 17 juillet, Edouard Stern accompagne son père
dans sa dernière demeure : le carré juif du cimetière
de Montmartre. Un mois plus tôt, il avait appris qu'il
était atteint d'une maladie incurable et que ses jours
étaient comptés. Alors qu'il ne lui avait plus parlé
depuis quinze ans, il avait alors composé son numéro
de téléphone :

– Est-ce que je peux passer ?

– Oui, bien sûr. Quand tu veux.

Nul besoin d'en dire plus. Edouard s'était aussitôt
rendu au chevet de son père, qu'il verra presque tous
les jours pendant un mois, jusqu'à son dernier souffle.
Le fils a-t-il demandé pardon ? Le père l'a-t-il accordé ? Le fils l'a-t-il accepté ? Sans doute ne se sont-ils
rien dit d'aussi cru et d'aussi douloureux. Près du lit
de douleur, quand la fin est proche, le temps n'est
plus aux excuses ou au pardon, il n'est plus dans les
mots mais dans le croisement des regards qui font
remonter les souvenirs d'enfance, d'un passé fugace
et disparu à jamais, celui qui unit l'enfant devenu
adulte à ses parents qui vont mourir. Edouard n'avait
aucune raison de demander pardon à son père et
celui-ci était bien incapable de pardonner quoi que ce
soit à qui que ce soit, même sur son lit de mort.

Commentaire pudique d'Edouard Stern sur ce
moment intense, confié les larmes aux yeux aux journalistes du *Nouvel Economiste,* un mois seulement après
le décès de son père : « Nous étions brouillés il y a

quelques semaines. Nous ne le sommes plus aujour-
d'hui[1]. » Mais selon plusieurs sources, cette réconcilia-
tion tardive n'était que de façade. La haine a juste été
mise entre parenthèses. Nul ne saura jamais, désormais, quelle était la réalité profonde de la relation
entre Antoine Stern et Edouard, son seul fils. Pas
même ses meilleurs amis qui l'ont vu pleurer lors
d'une projection de *L'Incompris*, ce film magnifique de
Luigi Comencini mettant en scène l'histoire poi-
gnante et désespérée d'un fils qui meurt sans avoir pu
se rapprocher de son père.

De ce jour, plus rien ne sera comme avant. Loin de
s'assagir, Edouard Stern va devenir une caricature de
lui-même. Son arrogance le rend insupportable. Tout
Paris ne bruisse que de ses esclandres chez Lazard. Il
agresse et abaisse en premier ses copains d'enfance
qu'il a retrouvés dans la banque, à un poste inférieur
au sien. Se sentant peu à peu marginalisé, il ajoute
les provocations aux provocations, affiche sa cupidité,
vient en jean et en baskets, pas rasé. Refuse, par principe, tout compromis, avec les autres associés comme
avec les clients. Sa volonté de gagner à tout prix le
pousse à commettre des erreurs colossales. Peu à peu,
il va entraîner le départ de nombreux jeunes partenaires qui vont aller nourrir et enrichir la concurrence.
Christian de Labriffe va rejoindre Rothschild, le
concurrent qui monte. Jean-Jacques de Balasy passe
chez Lehmann Brothers et Jean-Bernard Lafonta à la
BNP. Le clash atteindra une violence inouïe avec
Anne Lauvergeon, X-Mines, qui fut la secrétaire générale et le sherpa de François Mitterrand à l'Elysée. Il

---

1. *Le Nouvel Economiste*, 25 août 1995.

porte sur un poste attribué à Lazard au conseil d'administration de Pechiney. Or, les sièges d'administrateurs, Stern les revendique tous. Pour les jetons de présence qui y sont attachés, sans doute, mais surtout parce qu'ils constituent des postes d'observation passionnants pour imaginer des opérations à venir et pour préparer des coups personnels. Personne ne comprend, chez Lazard, pourquoi le gendre du patron se bat bizarrement pour les préséances les plus subalternes.

Ce poste d'administrateur de Pechiney tant convoité, Michel David-Weill l'a attribué à Anne Lauvergeon, entrée chez Lazard peu après lui. Stern est fou de rage : il éructe. Tout Paris est aussitôt au courant. Sa colère passe d'autant moins inaperçue que son siège restera vide le soir du dîner de gala qui fête la privatisation de Pechiney.

A cette ambiance détestable va s'ajouter un événement qui fait tache chez Lazard. En janvier 1996, Michel Garbolino est mis en examen pour « publication ou présentation de comptes infidèles, banqueroute par emploi de moyens ruineux et détournement d'actifs [1] » dans l'affaire de la Compagnie de Gestion et de Participation (CGP), une entreprise textile filiale de la Compagnie de Penthièvre, holding de tête de Stern, qui a déposé son bilan en mars 1990. En octobre suivant, le mandataire judiciaire écrit : « La Compagnie financière de Penthièvre s'est perdue dans une spéculation dont il est vraisemblable qu'elle n'avait d'autre objectif que de s'emparer de certains biens immobiliers extérieurs. [...] Elle s'est livrée à un

---

1. Michel Garbolino bénéficie de la présomption d'innocence.

soutien systématique des différentes opérations ayant marqué et scandé, de manière parfois suspecte, la vie du groupe. » Or, ce que la banque Lazard craint le plus, c'est bien la mise en cause judiciaire de ses dirigeants.

L'histoire retiendra néanmoins qu'Edouard Stern a quitté Lazard pour l'attribution d'un poste d'administrateur chez Pechiney à Anne Lauvergeon, qui ne tardera d'ailleurs pas à rejoindre Alcatel, avant de prendre la présidence d'Areva, l'entreprise phare de l'industrie nucléaire française. C'est à la fois vrai et faux. Michel David-Weill, qui connaît maintenant bien le caractère de son gendre, l'a délibérément provoqué. Pour l'acculer au départ, avant que la situation ne devienne irréversible. Car Stern occupait, à titre personnel, des positions fortes dans les cascades de holdings qui contrôlent Lazard. Il a notamment pris 12 % de la Rue Impériale de Lyon. On apprendra plus tard qu'il avait discrètement renforcé sa participation jusqu'à 17 %, voire 19 %, via Penthièvre NC, sa holding personnelle domiciliée aux Pays-Bas, où l'impôt sur les plus-values n'existe pas. Se sentant rejeté par tous, Edouard Stern, selon des initiés, s'apprêtait à passer en force, à arracher le pouvoir par une de ces opérations financières dont il a le secret. Etait-ce la vérité ? C'est en tout cas ce que pensaient les dix-sept autres associés de Lazard Paris, qui ont fini par convaincre Michel David-Weill que le « cobra » était sur le point d'attaquer.

Edouard Stern a-t-il vraiment voulu arracher de force la banque Lazard à son beau-père Michel David-Weill ? Ceci expliquerait la phrase qui lui a été attribuée (sans doute à tort car Michel David-Weill n'a jamais eu le moindre sens de l'humour), mais qui a fait le tour du monde, après l'assassinat de son ex-gendre : « Je l'ai traité comme mon fils, il m'a traité comme son père ! »

Chapitre 14

Séparations

C'est le *New York Times* qui fera état le premier, le 14 novembre 1996, de rumeurs selon lesquelles une violente algarade a eu lieu entre Michel David-Weill et son gendre Edouard Stern. Le patron de Lazard, écrit le journal, a renoncé à en faire son successeur. L'information est reprise, précisée et développée le 2 janvier 1997 dans *L'Express*. David-Weill a pris sa décision et l'a fait connaître à Stern. Celui-ci est coincé. S'il avait songé à un coup de force, c'est raté : il aurait maintenant contre lui tous les associés à Paris et à New York et tout l'establishment des affaires aux Etats-Unis comme en France. Il n'est pas de taille.

Reste à négocier les conditions du départ. Le 10 mars 1997, Edouard Stern prend de toute urgence un Concorde pour New York afin de mettre au point, avec son beau-père, les modalités de la rupture. « Cette séparation risque d'être délicate, écrit Hedwige Chevrillon dans *L'Expansion*. Edouard Stern est associé-gérant de Lazard New York et surtout de Paris, où il est devenu un des principaux actionnaires de la banque, loin évidemment derrière son beau-père. Il est aussi actionnaire significatif des galaxies qui contrôlent l'édifice construit autour de l'établissement via sa holding Elysée Investissements. Enfin, il est proche de deux "gros comptes" de Lazard, Elf et L'Oréal, ainsi que de leurs présidents, Philippe Jaffré et Lindsay Owen-Jones [...]. Michel David-Weill ne devra pas faire mentir sa réputation s'il veut faire oublier un tel choc opératoire[1]. »

Hedwige Chevrillon est une amie d'Edouard Stern, elle a été élevée dans les mêmes cercles. C'est pour elle une façon élégante de dire qu'Edouard Stern a de sérieux moyens de pression sur Michel David-Weill, et notamment le soutien de ses deux amis Philippe Jaffré et Lindsay Owen-Jones. En particulier du patron de L'Oréal, qui est le parrain de son fils Louis. Ancien coureur automobile, du genre trompe-la-mort, Owen-Jones a tendance, comme Stern, à brûler la vie par les deux bouts.

De fait, la rupture prend des airs de divorce à l'amiable. Edouard commence par abandonner la présidence de Crédit Agricole Lazard Financial Products (CALFP), filiale commune de Lazard et du Crédit Agricole, spécialisée dans le montage de financements complexes. Et le 29 avril, il quitte officiellement Lazard, cessant d'être associé gérant dans les maisons de Paris et de New York. Vis-à-vis de l'extérieur, Michel David-Weill donne le change : « J'ai beaucoup de considération et aussi d'affection pour Edouard Stern, explique-t-il dans *Le Monde*. Son grand talent, il l'a démontré au cours de sa carrière, c'est d'exercer le métier d'investisseur. Il est beaucoup plus doué comme homme d'affaires que pour les activités de service. Ce sera désormais son activité principale[2]. » Pour

---

1. *L'Expansion*, 17 mars 1997.
2. *Le Monde*, 2 mai 1997.

montrer que les ponts ne sont pas coupés avec son gendre, Michel David-Weill annonce que le conseil d'Eurafrance, l'une des holdings de la galaxie Lazard, a approuvé le projet de souscription au capital d'une nouvelle société de 600 millions de dollars, présidée par Stern, qui aura pour objet de réaliser des investissements, minoritaires ou majoritaires, dans le monde entier. La moitié du capital est apportée par Eurafrance et Gaz et Eaux, deux des holdings cotées de Lazard. L'autre moitié est apportée par Eastern Promise Ltd, une société d'Edouard dont le nom est déjà tout un programme (Promesses à l'Est) et par « un groupe d'investisseurs » – il s'agit, pour l'essentiel, des grands associés de Lazard, sur leurs fonds personnels. Trop contents de verser de l'argent pour se débarrasser du loustic. Et convaincus que celui-ci, hors de la maison Lazard, saura le faire fructifier. « Pour montrer qu'il n'y a ni mésentente ni brouille, précise Michel David-Weill, Edouard reste commanditaire dans Lazard Frères et Cie, sans rôle dans la gestion, mais toujours présent au capital. » Il demeure aussi actionnaire de la Rue Impériale, autre holding clé pour le contrôle des trois maisons, « mais il est possible qu'il y diminue sa position », précise son beau-père. C'est en effet la contrepartie des sommes versées à Stern : il doit abandonner toute velléité de tenter un coup de force sur la noble maison. Le beau-père connaît l'animal.

Comme promis (et acté), Edouard Stern vendra, fin août, la quasi-totalité de sa participation dans la Rue Impériale de Lyon, société de tête de la galaxie Lazard. Il en détenait 19 % en direct, il est ramené à 1,9 %. La vente passe par des paradis fiscaux : Penthièvre a cédé ses titres à Mainz holding Ltd, autre société de Stern domiciliée aux îles Vierges, et celle-ci les a revendues, hors marché, à diverses sociétés du groupe Lazard, en particulier Gaz et Eaux. Un montage compliqué, bien dans la manière de Stern et de Lazard, qui vise à éviter l'impôt sur les plus-values et à garantir une totale opacité. Le prix de vente n'est pas communiqué, pas plus que la plus-value. Si l'on se réfère au cours de Bourse, la vente lui aurait rapporté 560 millions de francs. Gaz et Eaux met 300 millions de dollars dans le fonds d'investissement que crée Stern. « Il a touché 300 millions de dollars d'indemnités de licenciement ! » résume un associé...

Chez Lazard, le soulagement est général. Le jeune homme pressé, haï par une grande partie de l'establishment, ne sera pas le patron de la maison. Chacun peut retourner à ses affaires, chercher les bons deals, parfois les trouver, se complaire dans les jeux de pouvoir traditionnels, en se faisant bien voir du patron. Michel David-Weill, lui aussi, est soulagé. Il garde le contrôle de la maison qu'avait fondée son arrière-grand-père. Il ne sait pas encore que les cinq années qu'Edouard a passées chez Lazard, avec les départs et les dissensions qu'il a provoqués, ont fait perdre à sa banque la place de n° 1 au palmarès annuel des fusions-acquisitions en France. Il ne se doute pas non plus que cet épisode lui coûtera, huit ans plus tard, sa propre présidence. Ayant démontré son incapacité à trouver un successeur, il devra céder, en 2005, la place à Bruce Wasserstein, cinquante-huit ans, avocat de formation, devenu star de Wall Street, que David-Weill a été obligé d'appeler à la rescousse en 2001. L'introduction de Lazard à la Bourse de New York, en mai 2005, fera basculer la banque du côté des Etats-Unis. Elle marquera la fin de cette entreprise familiale, qui touchait des dividendes à hauteur de 6 % des opérations réalisées dans l'année, y compris lorsque la société était en perte !

Voilà donc Edouard Stern libre, indépendant et richement doté. Le magazine américain *Forbes* le classe à la 38ᵉ place des plus grandes fortunes de France. Son fonds d'investissement Finance & Investors, rebaptisé plus tard International Real Returns (IRR), dispose, au départ, de 600 millions de dollars. Il a acquis une forte notoriété dans le monde des affaires : d'une certaine manière, le bras de fer avec Michel David-Weill l'a hissé à son niveau. Les deux hommes ne sont d'ailleurs brouillés qu'en apparence. En réalité, ils se parlent et se consultent, tout en protégeant le secret de leurs affaires. Ils se disent prêts à travailler ensemble sur les bons coups qui se présentent. Normal : si leurs manières et leurs images sont différentes, leur avidité, leur rapport passionnel à l'argent les unissent par-delà les aléas de la vie.

Stern aurait pu prétendre jouer dans la cour des grands, mais sa rupture avec Lazard – en réalité une expulsion, le rejet d'un intrus par tout un corps – l'a brisé, même si, bravache, il affirme alors le contraire. Jamais il ne deviendra le patron d'une grande banque ; jamais il ne sera un tycoon, reçu et écouté par les chefs d'Etat de la planète, comme son modèle Jimmy Goldsmith. Edouard Stern visait les plus hautes marches : il sait maintenant qu'il ne les atteindra pas. Mais son sentiment d'échec est plus intime que celui, banal, de l'ambition déçue. C'est son paradoxe fondamental : il a tout fait pour se faire haïr, parce qu'il souffre mille morts de ne pas être aimé. Peut-être de n'avoir jamais été aimé. Peut-être repense-t-il à ce moment-là à l'hôtel particulier de la rue Barbet-de-Jouy, lorsqu'il était seul avec la nurse Lili. A sa mère qui ne l'écoutait pas et qui le mettait au pain et à l'eau. A son père qui ne l'aimait pas et l'obligeait à passer par l'escalier de service. Peut-être l'expulsion de Lazard lui rappelle-t-elle aussi ces écoles privées qui ne voulaient jamais le reprendre, d'une année sur l'autre, en dépit de son niveau scolaire convenable, en raison de son caractère impossible ? De tous ces tourments, il ne se confiera alors qu'à Pierre Angel, son psychanalyste. Car le marathonien au culot d'enfer se sait fragile. Il suit, depuis longtemps, une analyse.

Le ressort est cassé. Aucun psychanalyste ne pourra le retendre.

C'est en 1997 que la vie d'Edouard va basculer : elle était tout entière portée vers la réussite ; elle va l'emporter tout doucement vers le gouffre. Bien sûr, Stern monte encore quelques beaux coups. Il achète à Danone, présidé par Franck Riboud, les pâtes Panzani et les conserves William Saurin, qu'il revend avec une plus-value ; il organise la prise de contrôle du Crédit Commercial de France par le géant bancaire britannique Hong Kong & Shanghai Bank Company (HSBC), ce qui permettra à son ami Charles-Henri Filippi, n° 2 du CCF, d'en prendre la présidence. Auparavant, il avait organisé la vente, à la même HSBC, de Republic National Bank, propriété du banquier libanais Edmond Safra qui trouvera la mort dans un incendie criminel, aux circonstances jamais pleinement élucidées, dans son appartement de Monaco. Il jouera un rôle dans la prise de contrôle en douceur de L'Oréal par Nestlé et dans l'OPA de Sanofi sur Synthélabo. Il investit son argent dans des entreprises qui l'amusent, comme Naïve, une petite maison de dis-

178

ques présidée par Patrick Zelnick, qui éditera notamment Carla Bruni et fera son trou aux côtés des géants du secteur.

Stern a pourtant perdu la main : un an seulement après son éviction de Lazard, il a réalisé une paume magistrale, évaluée à 300 millions de francs. Il a en effet souscrit des GKO, les fameuses obligations d'Etat russes qui ne seront sans doute jamais remboursées, à tel point que son actionnaire Lazard les a complètement passées en pertes dans ses comptes. C'est la Berezina. Eastern Promise Ltd, sa société personnelle à travers laquelle il contrôle la majorité du fonds IRR, n'a pas tenu les promesses de son nom : furieux, vexé, il n'aura de cesse de tenter de se refaire à l'Est.

Lorsqu'on perd la main aux cartes, tout file si vite ! Stern va accumuler aussi les déboires à l'Ouest. Il investit dans Eurotunnel, un calvaire pour les actionnaires ; il rate une OPA sur GrandVision, propriétaire des magasins Photo Service et Photo Station, en s'opposant à Paribas – encore une provocation ! – dans le cadre d'une opération boursière particulièrement obscure. Il rate la mise en coupe réglée de Suez, perd enfin 60 millions d'euros dans Rhodia. En réalité, au-delà de l'image d'Epinal du financier aux doigts d'or, Stern patauge. Il alterne les bonnes et surtout les mauvaises affaires. Impossible de dénouer le fil des sociétés exotiques à travers lesquelles il investit son argent et celui des autres. Mais le bilan, six ans après son départ de Lazard et la création de son fonds d'investissement, est accablant. C'est ainsi que sa société de tête, International Real Returns (IRR), n'affichait plus que 380 millions d'euros d'actifs nets au 31 décembre 2003 au lieu des 600 millions engagés en 1997, si l'on se réfère aux comptes de Gaz et Eaux, rebaptisé Eurazeo, qui est resté au capital depuis la création. Sacrée moins-value ! En six ans, la société d'investissement du jeune prodige a perdu plus du tiers de sa valeur.

La cassure, en 1997, n'est pas seulement professionnelle. Au moment même où Edouard Stern est expulsé de Lazard, il se sépare puis divorce de Béatrice. La simultanéité des deux événements ne manquera pas de nourrir les accusations qui seront portées plus tard contre lui : on racontera évidemment qu'il a épousé Béatrice pour se rapprocher de Michel David-Weill et qu'il l'a jetée dès qu'il a rompu avec la banque.

C'est toujours le problème avec lui : sa beauté, son intelligence, sa jeunesse le placent au-dessus du lot. Dans le Paris médiocre et cruel, il suscite de terribles jalousies. Et comme il méprise ouvertement tous ceux qu'il n'admire pas, qu'il se moque du qu'en-dira-t-on et qu'il multiplie les provocations, sa vie sera jalonnée d'attaques plus ou moins basses et de médisances. En l'occurrence, cette vision d'un Edouard Stern Rastignac au petit pied, épousant et répudiant une Béatrice au gré de sa seule ambition professionnelle, ne correspond en rien à la réalité. « J'aime Béatrice qui a élevé mes enfants et que je respecterai toujours, dit-il un jour à sa sœur, longtemps après son divorce : elle m'a tant apporté. »

Edouard Stern et Béatrice David-Weill ont été réellement épris l'un de l'autre. Leurs relations sont restées difficilement déchiffrables, y compris aux yeux de leurs proches. Elle a toujours été profondément amoureuse de lui. Il lui apportait, même après leur divorce, des témoignages d'affection et peut-être d'amour. Sans doute représentait-elle sa part de conformisme et d'intégration sociale. Elle était en tout cas son pôle de stabilité. Il lui arrivait d'être méchant ou blessant avec elle, mais s'en excusait aussitôt ou lui envoyait des signes positifs. La dominait-il ? Sans doute. Néanmoins leurs liens étaient étroits, du fait même de cette relation dissymétrique où, parfois, le faible domine le fort. Et lorsque le torchon s'est mis à brûler entre son mari et son père, Béatrice, déchirée, a choisi, comme il se doit, son mari.

Au milieu de toutes les femmes, de toutes les maîtresses qui ont jalonné sa vie – jusqu'à lui donner la mort –, Edouard a choisi avec discernement celle avec laquelle il a voulu faire ses enfants. Elle seule et pas une autre. Béatrice, sous ses airs graciles, est une femme solide, dotée d'une réelle force psychologique et d'une vraie éthique. Et, pour Edouard, sa femme jouissait d'une position qui le rassurait. Il pouvait être sûr qu'elle ne l'aimait pas pour son argent, puisqu'elle était, potentiellement au moins, beaucoup plus riche que lui !

Pourquoi, dès lors, se sont-ils séparés ? Parce que le temps avait fait son œuvre. Parce qu'il voulait aller habiter à Genève et qu'elle n'en avait aucune envie, se souvenant des longues journées à Cologny. Pourquoi ont-ils divorcé ? Parce que avec leurs patrimoines et leurs revenus respectifs, c'était la solution la plus claire financièrement. Edouard n'a pas écarté Béatrice parce qu'elle ne lui était plus utile. Mais simplement, après son éviction de Lazard, parce qu'il n'était plus le même homme. Et qu'il s'était épris d'une autre femme.

De toute façon, ils sont restés assez liés pour avoir masqué leur divorce pendant plusieurs mois à leurs proches, y compris à Michel David-Weill lui-même, afin que leurs problèmes conjugaux ne viennent pas

181

interférer avec la négociation du départ d'Edouard de la banque. Tous deux ne parlent alors que d'éloignement, de séparation. Ils se montreront suffisamment responsables pour gérer leur rupture au mieux. Edouard retournera habiter à Genève et Béatrice ira s'installer à New York. Dans l'intérêt des enfants, les divorcés « normaux » essaient de ne pas habiter trop loin l'un de l'autre, mais à ce niveau de revenu, le problème ne se pose pas : en Concorde jusqu'à l'arrêt des vols, ou bien avec son avion particulier – un gros Gulfstream aménagé en bureau, avec un lit, dans lequel il passait une grande partie de son temps –, Edouard Stern n'a jamais cessé d'aller rendre visite à son ex-femme et à ses enfants, à qui il téléphonait tous les jours, où qu'il soit dans le monde. Il passait de nombreuses vacances avec elle et avec eux. Il portait à ses enfants une affection de tous les instants. De ce point de vue, le jeune banquier était l'exact contraire de son père et ce n'était pas un hasard. Avec ses enfants, il était un autre homme, même physiquement. Quand il parlait d'eux, c'était un autre Edouard qui se révélait. Toute brutalité disparaissait. Son visage souvent dur irradiait soudain de tendresse. Il était capable de raconter de longues histoires merveilleuses à sa fille Mathilde. Il s'impliquait entièrement, comme parent d'élève, dans les différents établissements où ceux-ci ont été scolarisés, aussi bien à Paris qu'à Londres où à New York, participant activement à la fête annuelle.

Quant aux relations entre Edouard et son ex-femme, elles étaient beaucoup plus proches que quiconque aurait pu l'imaginer. Quelques jours après son assassinat, Béatrice est allée remercier ses collaborateurs. Elle leur a parlé des affaires en cours, des

« appartements qu'ils étaient en train d'acheter à Berlin ». Or, un petit nombre de collaborateurs seulement connaissaient cette opération immobilière. Chacun a compris ce jour-là que Béatrice était au courant des affaires d'Edouard, dans les moindres détails. Elle était la seule, avec Kristen Van Riel, à en avoir une vue d'ensemble : son ex-mari lui faisait une confiance totale.

Bref, lorsque Edouard, Béatrice, Mathilde, Louis et Henry se retrouvaient ensemble, personne ne pouvait imaginer qu'il s'agissait d'une famille désunie. Tout simplement parce qu'elle ne l'était pas.

Quarante-trois ans : c'est bien là, à mi-vie, que beaucoup d'hommes décident de refaire la leur. Une rencontre va achever de faire basculer celle d'Edouard Stern. Au cours d'un dîner chez Jimmy Goldsmith, il rencontre une beauté slave. Elle parle russe, mais aussi français, anglais et italien. C'est une amie intime d'India Jane Birley, l'une des belles-filles de Jimmy Goldsmith. Stern est moins séduit par sa beauté que par son intelligence. Avec les filles comme avec les garçons, cela a toujours été son critère principal : il méprise ouvertement « les cons » – la catégorie est large – mais tombe en admiration béate devant tous ceux qui lui semblent à un niveau intellectuel et culturel égal ou supérieur au sien. Avec Julia Lemigova, il est carrément bluffé.

Elle a vingt-six ans, elle est mannequin. Vraiment mannequin. Rien à voir avec ces innombrables prostituées russes ou ukrainiennes qui hantent désormais tous les lieux de la nuit, en se faisant passer pour telles. Ni a fortiori avec les pensionnaires du Baron, ce bar spécialisé où se retrouvaient les hommes d'argent et d'influence, lorsqu'ils avaient besoin d'assouvir leurs appétits sexuels avec des filles de nuit, plus belles que le jour.

Julia a été élue miss Union soviétique en 1991. C'était la troisième fois que l'Union soviétique élisait une miss, perestroïka et glasnost obligent. Mais c'était aussi la dernière : l'année suivante, il n'y avait plus d'Union soviétique. Ses formes admirables et son sourire lumineux justifiaient amplement le titre. Elle sera ensuite élue dauphine au concours de miss Univers 1992.

Info ou intox ? Julia a tendance à enjoliver sa vie, à construire sa propre légende. C'est ainsi qu'elle raconte que son père était colonel dans l'Armée rouge – en réalité au KGB, laisse-t-elle entendre. Elle-même se dit issue de « la bourgeoisie soviétique ». Mais rien de tout cela n'est vrai. Elle n'a jamais appartenu à la nomenklatura. Son enfance est d'une banalité lugubre : elle a vécu dix-huit ans dans un appartement collectif de banlieue, comme des dizaines de millions de jeunes Soviétiques...

Installée en France, travaillant dans le monde entier pour des photos ou des défilés, Julia Lemigova avait alors pour amant un industriel papetier richissime. Nationalité : irlandaise. Libre et naturelle, Julia fait partie de ces femmes qui sont incapables d'avoir des relations affectives et sexuelles avec des garçons de leur âge et sans fortune. Comme par hasard, elles tombent toujours sur des types plus vieux qu'elles et très riches, tout en conservant leur désarmante candeur : elles ne savent jamais pourquoi. L'avantage avec ce genre d'amants, c'est que lorsqu'ils sont évincés par plus jeune ou plus entreprenant qu'eux, il leur arrive de rester bons amis, les plus généreux continuant d'assurer le gîte et le couvert à leur protégée. Transposé au tournant du XXIe siècle, ce genre de vie ressemble follement à celles des cocottes et autres belles femmes entretenues de la fin du XIXe siècle, mais se sentant parfaitement libres, si bien décrites dans le théâtre de boulevard.

Entre Julia et Edouard, c'est le coup de foudre. Très vite, il va l'emmener dans son château de Bléneau, en Bourgogne, interdit jusque-là à ses maîtresses de passage. Ils vont se voir pendant près de quatre ans, à Paris, à Londres, à New York et à Genève, où Stern va à nouveau s'exiler, au gré de leurs emplois du temps très chargés, parfois aux quatre coins du monde : castings et photos pour elle, conseils d'administration et parties de chasse pour lui. Amoureux, Edouard va même faire cadeau à Julia d'une montre de prix ; mais économe pour ne pas dire plus, il lui demande quinze jours plus tard de la rapporter pour la faire détaxer !

Il n'empêche : Stern est sérieusement accroché. Elle aussi, en apparence. Ils parlent de se marier, mais Edouard se protège en lui affirmant – comme il le fera croire plus tard à Cécile Brossard – qu'il n'est pas divorcé. L'idée de refaire sa vie avec elle trotte pourtant dans sa tête, en dépit des mises en garde de Kristen Van Riel, qui met tout en œuvre pour la discréditer. Pour protéger son ami ? Plutôt pour écarter une rivale, assurent ses détracteurs.

C'est alors qu'Edouard va prendre une décision incroyable, qui montre bien comment, à un certain niveau de pouvoir et d'argent, on peut s'affranchir des règles les plus évidentes de la vie sociale : il imagine un rendez-vous entre Julia et son propre psychanalyste. Un petit déjeuner est organisé au Cercle Interallié, un club sélect qui jouxte l'ambassade de Grande-

Bretagne, rue du Faubourg-Saint-Honoré, à Paris. Il y a une piscine et des installations de sport, mais le port de la cravate y est obligatoire. Curieusement, Julia se prête au jeu. Et Pierre Angel aussi. Cet épisode choquant est en même temps révélateur du désarroi dans lequel se trouve Stern. A quarante-trois ans, il est incapable de prendre par lui-même une décision aussi personnelle !

Tous les deux ont alors, selon Julia, une vie sexuelle parfaitement normale. Tout comme le sont leurs relations, celles de deux amants épris l'un de l'autre, beaux, riches et célèbres. Seule bizarrerie, rapportée par Serge Raffy et Olivier Toscer dans *Le Nouvel Observateur* : « Un jour, Edouard prend soudainement la puce du portable de sa compagne. Il veut savoir qui elle appelle et qui l'appelle. Julia sourit :

– Tu aimes souffrir ?

– Oui.

Et il ajoute :

– Si j'étais un livre, ce serait lequel ?

– *Le Portrait de Dorian Gray*, d'Oscar Wilde.

La réponse lui a plu[1]. »

Autre bizarrerie : il lui fait manier des armes. Comme les maîtresses de ses vingt ans, Julia s'entraînera avec lui dans des clubs de tir, à Paris et à Genève. Mais il ira plus loin : il va l'initier au maniement de la mitraillette. Celle qui se prévalait d'être la fille d'un ponte du KGB tirera ainsi, pour la première fois de sa vie, à la Kalachnikov !

C'est sans doute là un des traits les plus singuliers de ce personnage flamboyant, dont il faut probablement chercher les sources dans sa relation avec son père,

---

1. *Le Nouvel Observateur*, 14 avril 2005.

chasseur émérite. Ainsi que dans la quête éperdue de la puissance – du phallus, disent les psychanalystes. Il a avec les armes une relation névrotique. Il avait suivi, dans sa jeunesse, un stage de formation dans un club de tir de la police française, avenue Foch, à Paris. Il se vantait devant tous ses amis d'avoir « bluffé son moniteur » par son « professionnalisme et par son adresse ». Mais sa passion pour les armes – et pour la chasse – allait bien au-delà. Il était toujours partant pour chasser le fauve en Afrique, le perdreau dans la sierra espagnole ou l'ours en Sibérie. Il proposait à toutes ses relations de venir partager son plaisir avec lui, aussi bien aux non-chasseurs comme Bob Benhamou qu'à des chasseurs émérites comme Bruno Rohmer, un ancien patron de *L'Express*. A la fin, ses fils seront souvent de la partie, tradition familiale oblige. Quand tous les chasseurs tuent leur ours, Stern – privilège du chef – en tue... deux. Parfois, il allait seul à la chasse. Il s'achètera un fusil sophistiqué de soldat d'élite de l'armée israélienne pour tirer les buffles ou les fauves. La mort, déjà, était sa compagne : prenant des risques insensés, il deviendra un chasseur compulsif, en Sologne, en Tanzanie et au Botswana, n'hésitant pas à tuer les animaux avec... des armes de guerre !

Chapitre 15

Heures sombres

Début 1998, Edouard s'est à nouveau installé à Genève. Plus question d'une maison avec piscine à Cologny. Il choisit d'emménager dans un simple appartement de cadre supérieur, dans le quartier des Eaux-Vives, en plein centre de la ville. Un appartement confortable et banal, sans vue, avec une cuisine grande comme un mouchoir de poche (Stern n'y prendra jamais un vrai repas), mais qui a l'avantage d'être contigu aux locaux dans lesquels sont gérés ses différents fonds d'investissements. Des fonds devenus insaisissables : peu à peu, il a installé une opacité totale sur les affaires, avec un passage obligé, depuis la Suisse – où il s'est réinstallé pour fuir le fisc français – vers le Luxembourg et la Hollande – pour ne pas payer l'impôt sur les plus-values – avec des détours vers les îles Vierges, les Antilles néerlandaises, les îles Caïman ou l'île de Nauru, dans le Pacifique, un micropays, l'un des derniers à ne pas respecter le minimum de normes de transparence exigé par le Groupe d'action financière sur le blanchiment des capitaux (GAFI) qui établit les nouveaux standards, au niveau mondial, de la lutte contre la circulation de l'argent sale. Ceci, bien entendu, pour dissimuler l'origine des fonds qui lui sont confiés. Car commence alors une période particulièrement sombre pour celui qui a toujours été un investisseur marginal.

C'est l'époque où IRR va se lancer dans des affaires plus ou moins louches en Russie. Pour s'y introduire, il va utiliser l'allant et les compétences de sa maîtresse. Julia affirme que sur sa suggestion, elle a pris des cours de *business administration* à l'université américaine de Paris. Et qu'Edouard Stern l'a fait simultanément entrer comme consultante dans une banque genevoise ayant pignon sur rue, pour s'occuper des investissements en Russie. C'est un excellent poste d'observation et une bonne couverture : elle va l'informer des opportunités et décrypter pour lui le pedigree de ses interlocuteurs russes et le degré de confiance qu'ils méritent. « Ses compétences, sa culture et son charme en font une ambassadrice de haut vol[1] », écrit *Le Nouvel Observateur*.

Est-ce par l'intermédiaire de Julia Lemigova et de ses relations en Russie qu'Edouard Stern est entré en contact avec le général Lebed ? Elle laisse entendre que son père n'y est pas pour rien. Evidemment, je n'en crois pas un mot. Pas plus que je ne me fie à ceux qui m'assurent que la première rencontre, plus ancienne, entre le jeune financier et le gouverneur de Krasnoïarsk, héros de l'Armée rouge et de la guerre en Afghanistan, serait liée au goût particulier de Stern pour la chasse à l'ours en Sibérie, en s'affranchissant de toute réglementation. Lebed lui aurait accordé tous les sauf-conduits nécessaires. Moyennant finances ? Ou bien en contrepartie de son appui pour accéder aux cercles dirigeants des pouvoirs occidentaux ?

---

1. *Le Nouvel Observateur*, 14 avril 2005.

S'étaient-ils associés dans un quelconque trafic ? Difficile à savoir. Toujours est-il qu'en 1998, Edouard Stern va devenir le conseiller officiel du général Lebed, aux côtés... d'Alain Delon. Face à Boris Eltsine, celui-ci est alors le candidat d'opposition le plus crédible pour la présidence de la Russie. Il est ouvertement populiste, prône le retour aux grandes valeurs de la Russie éternelle, affiche sa ferme volonté de lutter contre la corruption et de traquer l'ennemi de l'intérieur. Son discours est baigné d'antisémitisme, ce qui n'a pas l'air de beaucoup déranger Stern.

Grâce à l'entremise de son beau-frère Henri Weber, Edouard obtiendra qu'au cours d'une de ses visites à Paris, en 1998, le général Lebed soit officiellement reçu par Laurent Fabius, alors président de l'Assemblée nationale. Une photo est prise sur le perron de l'hôtel de Lassay : Fabius et Lebed se serrent la main, Edouard Stern se tient en arrière-plan[1]. Mais la complicité contre nature entre Stern et Lebed s'achèvera en 2002. Pour le pouvoir russe, Lebed était un gêneur. Tous les regards se tourneront vers Vladimir Poutine et ses services secrets lorsque Lebed trouvera la mort en Sibérie. Son hélicoptère s'est écrasé alors qu'il allait inaugurer une station de ski à côté de Krasnoïarsk. Un accident qui n'a jamais été expliqué.

Cynique, Edouard Stern ? Le problème est qu'il n'entre complètement dans aucune case. On le disait financier cupide, sourd au sort des salariés et motivé par la seule recherche du profit maximum dans les entreprises dont il est administrateur. Pas si simple.

---

1. Plusieurs photos de Stern existent du temps de Lazard. Celle-ci est l'une des rares à avoir été prises au cours de la période sombre qui a suivi.

Début 1999, pour réduire ses coûts et améliorer sa rentabilité, Jean-Dominique Comolli, président d'Altadis, décide d'un plan social lourd en raison d'un sureffectif important et d'une dispersion des usines de l'ancienne Régie des tabacs. Parmi les nombreuses usines à fermer en France et en Espagne, il y avait celle de Morlaix, fief de Marylise Lebranchu, ministre de la Justice du gouvernement Jospin, celle de Tonneins, dans le Lot-et-Garonne, ainsi que des centres de distribution de cette ville et de Nantes. Or, c'est à Tonneins qu'est née et que vit la mère de Jospin. Le Premier ministre s'agite et donne pour mission à Dominique Strauss-Kahn de limiter la casse. DSK convoque Comolli à plusieurs reprises et fait le tour des administrateurs. Il voit notamment Stern. Au conseil d'administration final, Comolli arrive convaincu qu'il aura le soutien de ses administrateurs pour faire adopter son plan. Comme prévu, les représentants de l'Etat (qui détient encore 10 % de l'ancienne entreprise publique) s'y opposent. Edouard Stern demande alors la parole :

– Ce plan est bien entendu nécessaire, mais je me fais ici l'interprète de Dominique Strauss-Kahn, qui m'a demandé de pousser au compromis.

– Et alors ?

– Je le fais de bon cœur car je pense qu'un allégement du plan est politiquement nécessaire.

Jean-Dominique Comolli est interloqué. Il pensait trouver en Stern son soutien le plus solide. Il fait le tour des autres administrateurs. Le plan est adopté, mais étalé dans le temps. Après le conseil, il prend Stern à part :

– Je ne savais pas que tu pouvais avoir deux langages !

– Tu vois, je suis imprévisible, mais tu le sais très bien !

Imprévisible, sans doute, sauf quand il s'agit de remettre la main sur la banque Stern. Celle-ci était devenue Pallas-Stern, après sa fusion, en 1990 avec la banque Pallas, établissement créé par Pierre Moussa et Gérard Eskenazi, ces anciens patrons de Paribas évincés au moment de la nationalisation qui avaient monté l'opération « Arche de Noé » pour transférer les actifs de la banque à l'étranger. Pallas et Stern étaient aussi mal gérées l'une que l'autre. Leur fusion n'a rien arrangé. Pallas-Stern a déposé son bilan, après de folles opérations dans l'immobilier, au moment même où décédait Antoine Stern. Edouard avait présenté une offre de reprise devant le tribunal de commerce, en concurrence avec quatre autres prétendants : la MAAF, Merrill Lynch, Daiwa-Goldman Sachs et Francis Lagarde. Son tour de table est baroque : il propose de prendre 38,2 %. A ses côtés, Lazard, à hauteur de 5 %, le charcutier Michel Reybier qui vient de vendre Justin Bridou et même la banque Rivaud, qui n'est pas rancunière. L'idée est de prendre Pallas-Stern pour 1 million de francs seulement, après le renflouement par Elf, le Crédit Lyonnais, l'UAP, le GAN, les AGF, François Pinault, la Société de Banque Suisse et Schneider, actionnaires appelés en comblement de passif pour complicité de banqueroute. Président de Pallas-Stern, Eskenazi a en effet été mis en examen pour « faux bilan, diffusion de fausses informations et escroquerie à l'épargne publique ». Le montage imaginé par Stern vise à dédommager partiellement les créanciers et à récupérer l'immobilier pour rien. Une façon de faire le liquidateur privé. Drôle de procédé pour reprendre la banque qui porte encore son nom. Décidément, Edouard Stern a bien changé.

Aucun plan de reprise, naturellement, ne sera accepté. Après huit mois d'atermoiements, pour les créanciers (SNCF, fonds de retraite du Sénat et de France 3 et particuliers) comme pour les grands actionnaires, Jean-Pierre Mattei, président du tribunal de commerce de Paris, a estimé que la somme de 1,017 milliard de francs proposée par ceux-ci pour éponger leurs responsabilités, en cas de continuation, était dérisoire face au gouffre de 13 milliards de francs de passif. Le tribunal de commerce prononce donc la liquidation, estimant que les divers plans de continuation présentés étaient de « faux-semblants d'une solution liquidative ». La liquidation décidée par le président du tribunal de commerce acte la mort de la banque Stern. Dans l'indignité.

Encore relativement consensuel à Paris, Edouard l'est de moins en moins à Genève, où il vit très discrètement. Dans la ville de Calvin – beaucoup plus délurée qu'il n'y paraît –, il ne sortait jamais. Il dînait parfois dans un petit restaurant italien, mais pouvait aussi se contenter d'une pomme et d'un yaourt, que Dolorès lui avait achetés. Il ne fumait pas, ne buvait pas, sauf du jus de pomme qui lui rappelait ses vacances de ski lorsqu'il était enfant. Il se couchait rarement après 11 heures, se levait tôt. Ses seuls loisirs, connus de ses proches et de ses associés, étaient ses séances de tir au pistolet dans un club de Genève et ses parties de jogging. Il allait courir avec d'autres joggers sur les bords de l'Arve et cela se terminait parfois par un dîner partagé. A table, son portable sonnait sans arrêt. Parmi les joggers qui dînaient avec lui, il y avait l'ancien député de Genève Jean Ziegler. « Edouard Stern était un homme sans scrupules dans les affaires, mais charmant, avec lequel il était passionnant de discuter, parce qu'il ne ressemblait pas à un banquier, a raconté à un journal suisse allemand le pourfendeur du capitalisme et de la Suisse, détesté pour cela dans son propre pays : il m'est en fait apparu comme un personnage tout droit sorti des romans de Balzac, un aventurier à la Père Goriot[1]. »

Outre ses affaires secrètes en Russie, Stern se lance depuis Genève dans des investissements bizarres, avançant masqué, comme d'habitude, derrière ses sociétés off-shore et ses hommes de paille. Son nom est cité à plusieurs reprises, en 2001, comme repreneur de la première agence mondiale de mannequins, Elite, aux côtés d'un de ses amis, l'homme d'affaires suisse Christian Larpin. Elite fait travailler de très jeunes filles, souvent mineures, parfois âgées de quatorze ans seulement. L'agence a été sérieusement déstabilisée, fin 1999, par un film diffusé par la BBC, qui tentait de démontrer que ses dirigeants se livraient au chantage sexuel avec les mannequins et les postulantes. Le documentaire, réalisé par un journaliste controversé, était pourtant loin d'être probant. Elite avait porté plainte contre la BBC mais un accord était intervenu à la veille du procès. Il n'empêche : de telles accusations, même infondées, ont évidemment fait tomber la valeur de l'agence, dont tout le crédit est fondé sur la confiance que lui font les parents des jeunes filles qui aspirent à devenir mannequins. Peu après le reportage de la BBC, convaincu d'être l'objet d'une opération de déstabilisation qui n'allait pas cesser, le

---

1. *Sonntags Blick*, 6 mars 2005.

fondateur d'Elite, John Casablancas, avait revendu ses parts à Alain Kittler et Gérald Marie.

Il est très vite apparu que l'opération de déstabilisation d'Elite n'était pas étrangère à un certain Omar Harfouch, trente-deux ans, au parcours insolite : milliardaire à vingt-cinq ans, ce Libanais s'est installé en Ukraine où il possède un groupe audiovisuel : Supernova. Il a organisé les concours d'Elite Model Look en Ukraine – d'où sortent les plus belles filles du monde, selon les critères occidentaux, mais aussi les plus pauvres et les moins farouches. Il a aussi été propriétaire des concours Elite Model Look, filiale du groupe Elite, en Albanie, au Maroc, en Tunisie, en Egypte et en République dominicaine. Ces concours régionaux permettent aux gagnantes de participer à la grande finale, qui s'est tenue le 9 septembre 2000 à Genève. Les jeunes filles rêvent d'atteindre la célébrité de Naomi Campbell, Claudia Schiffer, Cindy Crawford ou Linda Evangelista, toutes sorties de cette agence prestigieuse. Omar Harfouch était beaucoup plus lié, sur le plan financier, aux dirigeants d'Elite que ceux-ci ne le disaient. Mais, selon certains, il agit sur ordre. De qui ? On ne le sait pas.

En septembre 1999, un article au vitriol du magazine économique *Capital* jette de l'huile sur le feu, provoquant immédiatement une plainte pénale pour diffamation déposée contre le journal et Omar Harfouch, abondamment cité. Les deux patrons d'Elite réagissent aussi par voie de presse. Ils accablent leur ancien associé. Manifestement, chaque camp a des arguments en réserve. Les raisons de cette lutte sans merci ? « Omar Harfouch menacerait, par ses déclarations qui discréditent l'agence Elite, le rachat actuellement en cours de l'entreprise, écrit *Le Monde* ; un

196

homme d'affaires suisse, Christian Larpin, et son partenaire Edouard Stern, ex-gendre de Michel David-Weill, patron du groupe Lazard, seraient en négociation avancée pour acquérir la majorité du capital d'Elite Model Management Luxembourg, la société de tête des entreprises Elite[1]. »

Trois mois plus tard, le 7 novembre, *Le Monde* publiera sous le simple titre « Une lettre d'Edouard Stern » ce qui est, en réalité, un démenti cinglant : « La société IRR Capital Ltd animée par Edouard Stern a étudié en l'an 2000 plus de cent dossiers de prise de participation dont seuls quelques-uns ont abouti. Celui du groupe Elite a été analysé au cours de l'été 2000 et toute prise de participation par IRR a été définitivement écartée, entre autres, pour des raisons liées à celles qui sont l'objet des récents articles de presse concernant cette société. Ni M. Stern à titre personnel ni la société IRR Capital ne sont en négociation avancée pour devenir actionnaire du groupe Elite ni ne sont partenaires d'aucun actionnaire de ce groupe. »

Un démenti dont il faut prendre acte. Pourtant, à Genève, il n'est guère pris au sérieux. D'autant que *Le Monde* n'avait pas cité la société IRR et Stern aurait très bien pu jouer sur les mots en faisant étudier le dossier Elite en 2000 par son fonds IRR, puis tenter d'acquérir la société par une autre société off-shore ou sur ses fonds personnels. Les liens d'affaires entre Christian Larpin et lui sont étroits et connus. Pour la communauté de Genève, la tentative de Stern pour acheter en sous-main le groupe Elite est une évidence. On parle même, en souriant, d'une société très

---

1. *Le Monde*, 2 et 3 septembre 2001.

convoitée en raison « de ses dividendes non financiers ». Qui ne rêverait de piloter une entreprise qui fait travailler les plus jolies filles du monde et peut les conduire à la célébrité planétaire ? La question est de savoir si Edouard Stern a été partie prenante de l'opération de déstabilisation de l'entreprise afin d'en faire baisser le prix et si Omar Harfouch n'a pas agi, en sous-main, pour son compte. Des questions qui resteront sans réponse.

On ne prête qu'aux riches. Si l'on imagine qu'Edouard Stern, à tort ou à raison, ait pu monter ce genre de coups tordus, c'est bien que sa réputation est devenue épouvantable.

Le monde financier, à Genève comme à Paris, parle de « fuite en avant aussi bien personnelle que professionnelle ». Les mauvais résultats de son fonds IRR, où il gère son argent mais aussi celui des investisseurs qui lui ont fait confiance, le poussent à tenter de se refaire dans des opérations de plus en plus louches. Ses investissements immobiliers en Russie sont montrés du doigt. Il s'est mis à faire du *greenmail*, menace les dirigeants des entreprises qu'il cible, multiplie les procédures judiciaires, se comporte comme un mauvais perdant. On affirme qu'il est utilisé par des grands patrons ayant pignon sur rue et attachés à leur respectabilité pour agir à leur place, avec ses méthodes violentes.

« Chantage et extorsion de fonds étaient devenus son fonds de commerce », affirme l'une de ses cibles. De ce point de vue, son implication dans l'affaire Rhodia est exemplaire. Il s'est fait rouler, il a perdu sa mise, du coup il va se déchaîner contre Jean-Pierre Tirouflet et Jean-René Fourtou, avec la ferme volonté de récupérer son investissement mais surtout de les confondre, de les faire condamner, voire incarcérer. En agissant ainsi, Edouard Stern va accroître de façon exponentielle le nombre déjà considérable de ses ennemis. Parmi ceux-ci, il s'en trouve qui l'accusent d'apporter son soutien et sa logistique pour blanchir en Occident l'argent gagné – souvent détourné – par les oligarques, voire par la mafia russes.

Sa mauvaise réputation va empêcher Stern de faire partie du célèbre groupement des banquiers privés genevois, qui réunit la crème de la haute finance locale et accueille aussi bien les Suisses que les étrangers.

Plus significatif : rebaptisée Eurazeo, la société d'investissement Gaz et Eaux, qui avait placé 300 millions de francs dans le fonds de Stern au moment de son éviction de la banque Lazard, commence à retirer ses capitaux. Plus grave encore : en raison des pratiques de Stern qu'ils jugent plus que contestables – ils parlent à mots couverts de malversations sans en apporter pour autant les preuves –, les dirigeants d'Eurazeo préparent le dépôt d'une plainte contre lui, à la fois au civil et au pénal. Ils y renonceront finalement sur intervention de Michel David-Weill en personne. C'est bien la preuve, s'il en faut, qu'entre les deux rapaces les ponts n'ont jamais été coupés. Pas question, même à travers son ex-gendre, d'abîmer son nom. Pas question, surtout, de laisser la justice pénale mettre le bout de son nez dans les affaires de Lazard. Michel David-Weill se souvient d'Elf et de Jaffré : on sait comment cela commence, on ne sait jamais comment cela finit !

Au moins la vie privée d'Edouard Stern s'est-elle à peu près stabilisée avec Julia Lemigova, en dépit du travail de sape de Kristen Van Riel. Julia habite alors

199

rue d'Ankara, une petite rue perpendiculaire à la Seine, dans le 16ᵉ arrondissement de Paris, dans un appartement qui appartient à Edouard Stern. Celui-ci lui rend visite chaque fois qu'il vient à Paris. Mais tout va basculer lorsque Julia, en mai 1999, annonce à son amant qu'elle est enceinte de lui. Elle lui dit porter son enfant depuis quatre mois ; elle doit accoucher, lui a dit son médecin, autour du 20 octobre suivant. Edouard Stern « passe par toutes les réactions, l'enthousiasme, la stupeur, la terreur, l'indifférence, la panique, la désinvolture [1] », écrivent Serge Raffy et Olivier Toscer dans *Le Nouvel Observateur*, où ils révéleront, pour la première fois, l'énigmatique et inquiétante histoire qu'a vécue cette femme dans le cadre de sa relation avec Edouard Stern. Un jour, Stern parle mariage. Un autre jour, il lui dit qu'il reconnaîtra l'enfant. Un autre jour encore, il lui parle d'avortement, alors que le délai légal est largement dépassé. Mais de cela, il n'est pas question : Julia a décidé de garder son enfant, qu'il ait un père ou non. Elle le dit très fermement à son compagnon. S'il veut reconnaître l'enfant, tant mieux. S'il ne le veut pas, tant pis. Julia est solide et sûre d'elle. Elle est d'une génération où les femmes se prennent en charge. Rien à voir avec les mannequins des années cinquante, comme les amies de Christiane Stern, la mère d'Edouard, qui n'avaient de cesse de se faire épouser au plus vite par des comtes, des barons ou de grands industriels, de peur que l'âge ne vienne ternir leur éclat.

Mais Kristen Van Riel, qui a découvert par hasard la liaison de son ami avec Julia, en 1998, à force de la

---

1. *Le Nouvel Observateur*, 14 avril 2005.

voir dans son bureau, renvoie à Edouard Stern un écho tout à fait différent. Il lui assure que Julia est encore la maîtresse du magnat de la papeterie et qu'elle a en outre d'autres amants. A l'en croire, elle ne vaut guère mieux que toutes ces prostituées de l'Est qui pullulent dans Paris, sinon qu'elle tape plus haut. Il lui démonte un à un les mensonges que profère Julia pour enjoliver sa vie. Van Riel arrive surtout à convaincre son ami que l'enfant qu'elle porte n'est sans doute pas de lui. Stern réagit violemment. Il insulte Van Riel, lui dit qu'il se mêle de ce qui ne le regarde pas. Puis se calme.

Ballotté, perdu, Stern n'arrive pas à trancher. Il fait preuve d'une évidente immaturité affective qui contraste avec son immense acuité intellectuelle. Une immaturité qui explique beaucoup de ses comportements. A quarante-cinq ans, une part de lui-même est restée dans l'hôtel particulier de la rue Barbet-de-Jouy, à l'âge de la toute-puissance mais aussi des terribles angoisses enfantines. A l'âge de la souffrance et du mépris, où seule Lili lui donnait en secret un petit peu de l'amour qui lui manquait tant.

Edouard ne tranche pas, mais il cherche, dans un premier temps, à en savoir plus sur sa maîtresse. Suivant les conseils de Kristen Van Riel, il donne son aval pour une opération de surveillance approfondie de la femme qu'il dit aimer. Il a fait appel à l'agence Kroll Associates, qu'il utilise, dans le cadre de ses activités les plus secrètes, pour obtenir des renseignements sur les dirigeants et les administrateurs qu'il veut déstabiliser. Pour un travail de cette nature, Kroll délègue la tâche à l'une des nombreuses officines françaises spécialisées sous-traitantes. Mais Julia, qui n'est pas tombée de la dernière pluie, se rend vite compte qu'elle

201

est suivie dans ses déplacements, que son immeuble est surveillé jour et nuit et que son téléphone est écouté – du moins le pense-t-elle, sans en avoir la preuve.

Pour échapper à l'emprise d'Edouard Stern, à ses sautes d'humeur, mais aussi pour donner la nationalité américaine à son enfant – ce dont rêvent des centaines de millions de femmes dans le monde –, Julia décide d'aller accoucher aux Etats-Unis. Elle est enceinte de sept mois lorsqu'elle prend l'avion pour New York. Elle s'installe alors dans une suite de l'hôtel Carlyle, au cœur de Manhattan, aux frais de son protecteur irlandais. Mais elle se rend vite compte qu'à New York aussi, elle reste sous surveillance, explique-t-elle aux journalistes. Elle assure même avoir été interrogée par un détective privé, dont tout lui laisse à penser qu'il appartient à l'agence Kroll.

L'enfant naît à New York le 18 octobre 1999. Signe du destin : c'est, jour pour jour, la date de naissance d'Edouard Stern, quarante-cinq ans plus tôt. C'est un garçon. Elle le prénomme Maximilien et le déclare de père inconnu. Elle est prête à l'élever seule. « Elle sait parfaitement que le scandale d'un enfant illégitime pourrait éclabousser le nom des Stern et avoir des répercussions sur les activités du financier, écrivent Raffy et Toscer dans *Le Nouvel Observateur*; dans le monde du CAC 40, il faut savoir sauver les apparences[1]. » L'explication est courte, quand on connaît l'absence totale de sens des convenances d'Edouard Stern et même son goût de la provocation. Mais sans doute est-ce le prétexte qu'il a donné à sa maîtresse. Voulait-il protéger financièrement ses trois autres enfants ? Craignait-il que cet

---

1. *Le Nouvel Observateur, art. cit.*

enfant ne brise la relation qu'il avait gardée avec Béatrice, Mathilde, Louis et Henry, en dépit de la séparation ? Ou, plus prosaïquement, s'était-il laissé convaincre que Maximilien n'était pas de lui ?

Julia Lemigova rentre à Paris en janvier 2000 avec Maximilien, et part se reposer dans un chalet à Courchevel qui appartient à son mécène, avant de s'installer avec son bébé dans un nouvel appartement meublé, rue Saint-Didier, toujours dans le 16ᵉ arrondissement de Paris. Elle est plus que jamais déterminée à se prendre en charge, sans rien demander à Edouard Stern. Elle est avec lui d'une indulgence confondante.

Edouard, qui lui rend visite plus épisodiquement que rue d'Ankara, lui avoue un jour, provocateur, qu'elle ne s'est pas trompée : elle a bel et bien été suivie pendant toute sa grossesse et c'est bien lui qui a payé les officines chargées de ce travail. Mais c'était, lui dit-il, « pour la protéger ». Elle accepte, sans y croire, cette explication navrante. Elle est choquée, intriguée, mais n'en fera pas un casus belli.

Edouard Stern ne sait pas s'il est le père du petit Maximilien. Il s'en ouvre à Kristen Van Riel :

– Je vais lui demander de faire un test de paternité.

– Méfie-toi, parce que s'il est positif, on sera bien emmerdés.

– On verra bien !

Edouard a toujours été un joueur impénitent. Avec une manière bien à lui de se moquer de tout. Il va donc demander à Julia de faire un test pour comparer son ADN et celui de Maximilien. Surprise : Julia lui oppose un ferme refus. Un refus en forme d'aveu, même si le doute demeure...

Sans doute Julia est-elle toujours amoureuse de ce

personnage si déroutant, adorable et pervers, qui continue à ne rien trancher. C'est, sur de nombreux plans, toujours un enfant. Il vient la voir, lui dit qu'il l'aime. Parfois, il regarde son fils présumé, avec le tendre regard d'un père. Mais d'autres fois, convaincu que Maximilien est le fils de son rival, il ne lui jette pas un regard.

C'est alors que le drame va survenir. Comme beaucoup de bourgeoises du 16e arrondissement qui cherchent à faire garder leurs enfants en bas âge, la jeune Russe met une annonce à l'église américaine. Une jeune Bulgare se présente chez elle peu après. Elle se dit infirmière mais déclare qu'elle n'a pas de papiers. Julia lui pose des questions, en français puis en russe, et décide de l'embaucher provisoirement. Ce qui est étrange : si les nounous sont très souvent payées de la main à la main, leurs employeurs s'assurent généralement de leur identité et, éventuellement, de leurs diplômes. Surtout lorsque ceux-ci disposent, comme Julia, de revenus confortables.

La baby-sitter commence son travail le 28 février. Tout va alors aller très vite. Le 5 mars, Julia se rend compte que son fils est indolent, qu'il n'a plus de réflexes. Il refuse de manger. Trois jours plus tard, Maximilien entre dans un coma profond. Elle l'emmène aussitôt à l'hôpital Necker où les médecins diagnostiquent, sous réserve de vérification, le syndrome du bébé secoué, qui aurait pu se produire le 4 mars. Le 10 mars, Maximilien meurt. Il n'a pas cinq mois. Les médecins alertent aussitôt le parquet qui ouvre, comme c'est la règle en pareilles circonstances, une information judiciaire. Le juge d'instruction désigné soupçonne aussitôt Julia d'être à l'origine du drame, alors même que celle-ci, en état de choc, a été hospitalisée. Elle est placée en garde à vue, en même temps et au même titre que la baby-sitter. Elle évite l'incarcération mais est soumise à un contrôle judiciaire strict, qui lui interdit de quitter la région parisienne et l'oblige à se tenir à la disposition de la justice. Edouard Stern est entendu, à titre de témoin. Il reconnaît, devant les policiers, que Maximilien pourrait être de son sang. Soumise elle aussi à un contrôle judiciaire, la baby-sitter, qui a nié toute maltraitance à l'égard du bébé, s'en affranchit après sa garde à vue et sa mise en examen : elle disparaîtra dans la nature, s'en étant sans doute retournée en Bulgarie. Julia attendra deux ans pour se voir signifier un non-lieu. Edouard Stern, lui, ne sera jamais mis en examen.

Mort naturelle ? Julia n'est jamais parvenue à s'en convaincre. Elle croit toujours que Maximilien est mort d'avoir été secoué par la baby-sitter. Peut-être par accident. Peut-être pas. Elle n'a jamais pu écarter cette hypothèse lancinante. La jeune Bulgare a-t-elle été envoyée à dessein ? Etait-elle en service commandé ? Mais pourquoi ? Pour l'empêcher de disposer, à travers son enfant, d'un moyen de pression ou de chantage ? Ou bien pour des raisons bassement financières ? Et qui aurait pu commanditer un tel crime ? Quoi qu'elle ait pu penser de lui, de ses excès et même de sa folie, elle n'imagine pas qu'Edouard Stern ait pu faire une chose pareille. Alors, quelqu'un de sa famille ou de son entourage ? C'est trop énorme. Elle ne connaît pas la vérité et cela la rongera longtemps. Jusqu'à ce qu'elle passe à autre chose. Julia sait tourner les pages, surtout quand elles sont sombres.

Chapitre 16

Cécile

Julia s'est entièrement dégagée de l'emprise physique et morale de son amant immature lorsqu'elle accepte, en octobre 2004, de rencontrer au bar des Théâtres, avenue Montaigne, dans le quartier des Champs-Elysées, une jeune femme qui dit s'appeler Laura et s'est présentée au téléphone comme une avocate de Versailles, chargé de la défense de la « fiancée d'Edouard Stern ».

Stern ? Julia a coupé les ponts. Elle a eu, depuis le drame, un autre enfant, lui aussi né de père inconnu, et elle est devenue la maîtresse d'un grand patron français de l'industrie cosmétique, dont elle va bientôt être enceinte. Elle habite désormais dans un beau duplex, rue de Passy, toujours dans le 16e arrondissement. Joya, le centre de soin haut de gamme qu'elle possède et gère, rue de la Renaissance, dans le triangle d'or, près des Champs-Elysées, est apprécié du tout-Paris. On y pratique les massages thaïs et japonais, avec des plats thaïs servis à l'heure du déjeuner. Il est régulièrement cité en exemple dans la presse féminine[1].

_____

1. Après la publication des premiers articles racontant son histoire, Julia Lemigova refusera de rencontrer les journalistes d'in-

207

C'est là que, durant l'été, Edouard Stern était venu lui rendre visite, à l'improviste. Ils avaient discuté dans un café voisin. Edouard lui était apparu déprimé. Il avait reconnu ses erreurs, essayé de l'attendrir – sa façon de la séduire. Il lui avait demandé de ses nouvelles, si elle s'était reconstruite :

– Tout roule pour moi. Mon institut de beauté est très bien coté. Je n'ai pas de problèmes. Tu sais bien que j'ai les pieds sur terre. Mais, toi, en revanche, tu n'as pas l'air d'aller très fort...

– Non. Je vis une période difficile. Je fais le ménage. J'ai largué mes trois bonnes femmes, elles m'emmerdaient. Je suis enfin redevenu célibataire.

Julia est dubitative :

– Tu aimes toujours autant les histoires compliquées ?

– C'est fini. Tu sais, je pense souvent à toi. Nous étions bien ensemble, non ?

– Oui, mais tu aurais dû faire ton choix, ne pas écouter les ragots sur mon compte.

– Tu as raison. J'ai réfléchi. Maintenant, je crois que je suis prêt, si tu le veux bien, à faire ma vie avec toi. Est-ce que tu serais prête à redonner une chance à notre couple ?

– Edouard, tu sais bien que ce n'est pas possible. Nos chemins se sont séparés.

Les yeux d'Edouard Stern s'étaient embués. Il lui avait répondu d'une voix sourde :

---

vestigation, prétextant le tort qu'ils lui ont fait, en particulier auprès de la presse féminine. C'est pourtant elle seule, deux jours après l'assassinat d'Edouard Stern, avant même que soit connue l'existence de Cécile, qui a contacté différents journaux, à commencer par *Paris Match*, à qui elle aurait proposé de vendre des photos de son ancien amant.

– Tu sais, Julia, nous deux sommes liés par le sang. Notre histoire ne s'effacera jamais de nos vies. Nous sommes faits pour être ensemble.

– Non, Edouard. Tu m'as trop fait souffrir. Je doute de toi, de tes amis. Je n'ai pas oublié ce qui s'est passé.

– Oublie plutôt cette triste affaire. C'est mieux pour toi, je t'en conjure.

Puis Edouard avait à nouveau tenté de l'attendrir. Ils avaient parlé des bons moments passés ensemble. Et, après avoir ainsi tourné autour du pot, il était revenu à la charge, en lui posant la question qui tue :

– Julia, veux-tu refaire ta vie avec moi ?

– Tu sais bien que ce n'est pas possible. On ne revient pas sur le passé. C'est non.

Julia a donc coupé les ponts. Pourquoi accepte-t-elle alors de rencontrer cette prétendue avocate ? Curiosité de femme pour en savoir plus sur la vie d'Edouard qui, même si elle ne veut plus vivre avec lui, ne lui est pas indifférent ? Mais face à cette blonde trop maigre et un peu vulgaire, qui s'agite sur son siège et ne soutient pas son regard, Julia comprend très vite qu'elle a en face d'elle non pas une avocate, mais la maîtresse actuelle d'Edouard Stern. Elle en a entendu parler par des amis communs. Elle s'appelle Cécile Brossard.

Cécile n'y va pas par quatre chemins. Elle lui pose des questions indiscrètes, lui demande quelle était la nature de leurs relations sexuelles, s'il avait avec elle des goûts érotiques particuliers, s'ils faisaient l'amour à plusieurs. Julia coupe court. Mais elle est, un instant, prise de pitié pour cette femme follement jalouse qui se met à nu devant elle et à qui, manifestement, Edouard Stern fait vivre mille tourments. Cécile ne lâche pas. Elle pose des questions précises pour savoir

où était Edouard à telle ou telle date, s'il était avec elle. Devant les réticences de son interlocutrice, Cécile Brossard prononce alors une phrase terrible :
– En échange, je vous dirai la vérité sur la mort de votre fils.
– Mais que savez-vous ?
– Je ne peux rien vous dire pour le moment.
C'en est trop. Julia Lemigova n'en peut plus. Elle se lève brutalement, paye et s'éclipse, plantant là cette femme à demi-folle qui connaît son drame et semble vouloir en tirer parti sinon profit.

Cécile Brossard est alors au bout du rouleau. Enfin, pas tout à fait. Mais quelle chute vers les abîmes ! Qu'il est loin ce jour de 2001 où elle avait rencontré son futur amant dans un petit restaurant parisien ! Ils avaient été réunis à huit autour d'une même table par un couple d'amis commun, Albert Benhamou et Véronique Maxe, propriétaires d'une galerie d'art moderne et amis du tout-Paris, en particulier lorsque celui-ci veut s'encanailler. Au cours de ce dîner, Edouard et Cécile n'étaient même pas assis à côté l'un de l'autre. Ils s'étaient à peine parlé. Mais Stern avait discrètement demandé à Benhamou le numéro de portable de la jeune femme. Quand il l'appelle, le lendemain, elle tombe des nues. Que lui a-t-il trouvé ? Elle n'est ni particulièrement belle ni très brillante en société. Elle ressemble à ces blondes Tropéziennes, trop bronzées, un peu défraîchies, qui cachent leurs angoisses et la vacuité de leur vie en séduisant les hommes avec l'alibi d'une activité d'artiste ou de décoratrice. Mais sans doute le prédateur a-t-il senti ses fêlures et ses passions particulières.
Entre les deux, c'est tout de suite le tourbillon. Il

lui sort, d'emblée, le grand jeu : restaurants étoilés, week-ends imprévus en Europe, en Afrique ou en Asie où l'on se rend sans bagages, en jean et en baskets, dans son Gulfstream – elle prononce « Golfe Stream ». Cécile fait partie de ces femmes à la vie sexuelle bien remplie mais qui sont, toujours, à la recherche du prince charmant. Dix ans plus tôt, il y avait eu Xavier Gillet, mais il s'était vite révélé trop vieux, trop pépère et trop gentil. Elle croit enfin l'avoir trouvé avec Edouard Stern, si mystérieux et si imprévisible : parfois dur et violent, parfois désespéré, comme peut l'être un enfant malheureux et abandonné. Avec Cécile, il joue sur toute la gamme des sentiments : elle est à la fois sa fille et sa mère, elle peut être sa maîtresse, au sens de dominatrice, ou bien sa chose.

Cécile croit qu'une même passion pour l'art et les belles choses les rapproche. Edouard, dit-elle, la trouve « artiste et cultivée ». Elle n'est pourtant ni l'un ni l'autre et son amant devrait le savoir mieux que quiconque. Car il est un vrai connaisseur d'art et un collectionneur avisé. Il aime autant les meubles du XVIIIe siècle qui décorent son appartement que les tableaux modernes de Basquiat et de Soulages qui ornent ses murs. Il est fasciné par l'univers halluciné de Francis Bacon. Edouard Stern n'a jamais été quelqu'un de branché et de superficiel. Sa culture est profonde, nourrie par un goût sûr, une sensibilité à fleur de peau et une mémoire phénoménale. Il est capable de parler opéra d'égal à égal avec Hugues Gall, musique avec Stéphane Lissner, politique internationale avec Hubert Védrine ou Felix Rohatyn, alors ambassadeur des Etats-Unis à Paris, jardinage avec Louis Benech, stratégie d'entreprise avec Lindsay Owen-Jones, football avec Michel Platini. Force est de constater que peu d'hommes, en France et dans le monde, possédaient une culture aussi vaste nourrie par des amitiés aussi éclectiques...

Rien à voir, évidemment, avec Cécile dont la culture, toute superficielle, ne peut faire longtemps illusion. Son vocabulaire est pauvre, émaillé de fautes de français, ponctué de « malgré que » et de « par contre ». C'est tout juste si elle n'allait pas « au coiffeur ». Quant à ses dons artistiques, ils sont cruellement inexistants. Artiste, elle rêvait de l'être depuis son enfance passée auprès de sa mère dépressive, en province. Elle en rêvait toujours lorsqu'elle était revenue vivre avec son père, à Conflans-Sainte-Honorine. Elle en rêvait encore lorsqu'elle était vendeuse à Roissy – et toujours lorsqu'elle était devenue, selon toute vraisemblance, *escort girl* épisodique pour de riches clients. Son rêve est devenu réalité lorsque Cécile a acheté sa maison de Nanteuil-le-Haudouin. Artiste ? Plus libre, plus disponible, financièrement à son aise depuis sa relation avec Xavier Gillet, elle a acheté une grange attenante à sa maison pour en faire un atelier de sculpture et de peinture. Elle s'était trouvé un nom d'artiste, Cescils. Elle peignait des tableaux colorés et produisait des bronzes figurant des arabesques de corps entrelacés, fortement érotisés. Elle les accompagnait de poèmes, eux aussi érotiques, mais d'une affligeante platitude, semblables à ceux qui s'abattent par dizaines sur les éditeurs tous les mois[1]. Bref, Cécile Brossard s'était dotée de tous les

---

1. Ces poèmes ont tout de même le mérite d'exprimer les obsessions de Cécile Brossard. En voici deux, tirés d'un catalogue édité en 2004, qui laissent entrevoir, a posteriori, ses penchants secrets. Le premier a pour titre *Abysse céleste* : *Les seins pointus vers les lames de toi/ Comme le couteau/ Aiguisé sur la courbe*

attributs d'une artiste et avait la volonté d'en être une, mais il lui manquait l'essentiel : le talent. Le don venu d'ailleurs qui fait la différence entre les vrais artistes et les amateurs besogneux. Lucide aussi bien sur lui que sur les autres, Edouard Stern ne pouvait l'ignorer. Jusque-là, il n'avait pas eu de mots assez durs pour qualifier ce genre de femmes qui se disent artistes pour donner un sens à leur existence, se doter d'un statut social, ou faire les intéressantes, telles qu'on en voit par centaines, habillées de noir, coupe au bol, nuque dégagée, dans les galeries ou dans les allées de la FIAC : il les appelait « pétasses », « peigneuses de cailloux » ou « connasses du chevalet ».

Pourtant, Edouard Stern va conforter Cécile Brossard dans l'idée qu'elle est une véritable artiste. Ils courent les galeries, chinent, dénichent des œuvres improbables dans les arrière-cours. Il va même faire semblant de lui confier la décoration de son appartement de Genève, très moderne, avec du bois clair, des canapés rouges et, sur les murs, des tableaux de maîtres et des photographies d'artistes chinois. En réalité, c'est sa femme Béatrice qui a choisi les tissus et fixé les harmonies. Edouard écoute Cécile, la flatte. Est-ce par calcul ou par aveuglement ? Très rapidement, s'établit entre eux une relation fusionnelle très particulière : dès qu'ils sont séparés, ils s'appellent plusieurs fois par jour et s'inondent de SMS. Surtout, ils assomment leurs rares relations communes pour

---

sensible de tes sens/ Aux essences nerveuses de tes désirs./ Exhaussés, abusants./ Rendue servile aux pays de tes lois. Le second est titré *Consubstantielle* : *Tu as trop rempli mon âme de toi/ Pour qu'elle puisse vivre sans toi/ Et mes cellules qui reconnaissent les tiennes/ Comme les chiens leurs chiennes/ Et moi tes chaînes.*

savoir où est l'autre, avec qui il est, ce qu'il fait. Au point de susciter une gêne réelle. Il arrive que ceux-ci leur raccrochent au nez, pour ne pas se laisser embarquer dans leurs histoires.

Ils sont l'un vis-à-vis de l'autre d'une jalousie maladive. Cécile, au bout de quelques mois, se rend compte qu'Edouard a d'autres maîtresses. Une, au moins, dans chacune des villes où il se rend régulièrement ! Et aussi des amants ? La question se pose. Quelles que soient les particularités de leur couple hors normes et très branché cul, l'homme et la femme jouent une partition basique, vieille comme l'humanité : il veut la baiser, lui faire – et lui faire faire – bien d'autres choses, alors qu'elle veut vivre avec lui, l'épouser et avoir des enfants de lui.

Cécile Brossard a toujours eu une relation particulière avec ses amants. Elle les entoure, les absorbe, va au-devant de leurs moindres désirs et pas seulement sexuels. Elle les sert, leur coupe les ongles de pied, se comporte comme une vraie geisha. Ce qui peut être plaisant, mais un temps seulement. Car, en contrepartie, cette femme possessive ne supporte pas qu'on lui échappe. Sa présence devient vite envahissante et oppressante. C'est exactement ce qui va se passer avec Edouard Stern. Elle s'affiche en femme amoureuse, ne cesse de le flatter et va même jusqu'à adopter ses tics de langage ! Ce côté fusionnel a le don de l'agacer. Mais en même temps, cette dépendance l'excite. Il est tenté de pousser Cécile au-delà de toutes limites. Elle l'accepte. Ainsi s'engagent-ils dans leur relation sadomasochiste. C'est, pour Cécile, une manière de sécurité : « Edouard me reviendra toujours, dit-elle à ses proches : je lui apporte quelque chose qu'aucune autre femme ne peut lui donner. »

Dans sa chronique du *Journal du Dimanche,* Philippe Sollers parlera de Cécile comme d'« une *escort girl,* virtuose des services sexuels spéciaux » et évoquera, à propos du couple, « les relations multiples et enchevêtrées et surtout une insatisfaction sexuelle toujours en alerte, bisexuelle, polysexuelle, tantôt sado, tantôt maso – bref le grand jeu avec les moyens de le mener dans l'ombre [1] ». Grand explorateur de l'œuvre du marquis de Sade, Sollers a-t-il fait une enquête ou bien a-t-il connu personnellement Cécile Brossard d'une manière ou d'une autre pour, sans nuance, la camper en Démonia vénale ? Dans son article violent sur « le financier insatiable et la pute poétesse », l'écrivain affirme que Cécile était une prostituée spécialisée dans la domination et que « son nom de code prostitutionnel [*sic*] était Alice », avant de conclure en évoquant « ce que Heidegger appelait les fonctionnaires enragés de leur propre médiocrité ».

Pourtant, il faut le rappeler, Cécile Brossard n'a jamais été fichée, ni en Suisse ni en France, comme prostituée, même occasionnelle. Ses amis m'affirment qu'elle ne l'était pas et ne l'avait jamais été, à leur connaissance. Ses penchants sexuels, son ambivalence – dominée dans la vie, dominatrice dans la chambre – ne semblent, en revanche, pas dater de sa rencontre avec Edouard. Celle-ci les aurait simplement exacerbés. « Leur relation était celle de deux enfants martyrs, me répète l'une de leurs amies à tous deux. L'amour qu'ils se portaient, leur vulnérabilité émotionnelle et leurs pratiques sexuelles venaient de là. » Enfants martyrs. Le mot est fort et nul ne sait s'il est

---

1. *Journal du Dimanche,* 27 mars 2005.

juste ou exagéré[1]. C'est pourtant sur cette base, juste ou erronée, qu'ils ont tissé entre eux ce lien fatal.

Dans un premier temps, Edouard Stern va cacher Cécile à sa famille et à ses amis. Il se rend discrètement dans sa maison de Nanteuil, dans une 607 noire conduite par un chauffeur. Ils vont parfois dîner en amoureux au château d'Armenonville mais partagent le plus souvent la même table, dans un coin, au Relais de la Poste à Nanteuil, se contentant du menu à 11 euros.

Mais très vite, à Nanteuil, vont arriver des visiteurs et des visiteuses invités pour mettre du piment dans le quotidien du couple. « Ils chassaient ensemble des proies de passage qui traversaient leur vie privée, écrit *Paris Match*. Leurs proies viennent du monde entier : il arrive qu'ils aillent même les chercher, pour des soirées particulières, avec le propre jet d'Edouard. L'excitation est à son comble. L'un et l'autre sont convaincus qu'ils ne pourront jamais trouver un partenaire de ce calibre, capable d'organiser des jeux sexuels de cette nature[2]. »

Je ne peux m'empêcher de penser à *Histoire d'O*, le livre érotique culte de Pauline Réage[3] où partouzes

---

1. S'agissant de l'enfance d'Edouard Stern, ses proches ne veulent rien dire qui puisse fragiliser leur défense dans le cadre du futur procès. En particulier tout ce qui pourrait confirmer une dérive suicidaire, dont on trouverait les racines dans son passé lointain, et qui viendrait alléger, face à des jurés, la responsabilité de la meurtrière. Mais le livre d'Hadrien Laroche parle pour eux.

2. *Paris Match*, 20 avril 2005.

3. Sous ce pseudonyme se cachait Dominique Aury, maîtresse de Jean Paulhan, qui gardera toute sa vie le silence avant de se dévoiler, à 87 ans, en 1995, dans le *New Yorker*.

et scènes sadomasochistes se déroulent, comme par hasard, à... Roissy. Mais Cécile n'est pas O et Edouard n'est pas son amant Rémy. A Nanteuil, il ne s'agit pas de partouzes ou d'échangisme, comme on pourrait l'imaginer et comme le suggère *Paris Match*. Non pas que cela ait pu gêner le moins du monde Cécile, prête à tout pour satisfaire son amant. Mais ce n'était simplement pas la tasse de thé d'Edouard Stern qui ne détestait rien tant que d'être placé à égalité avec les autres. Or les partouzes sont fondées sur un principe d'égalité et de respect des autres. Personne ne doit ni ne peut s'imposer, nul ne doit forcer quiconque. On en arrive ainsi à ce paradoxe : c'est dans ce genre de parties fines que les participants se montrent le plus discrets, le plus respectueux les uns des autres, les seules où les femmes sont sûres de ne pas être importunées, de faire ce dont elles ont envie – et c'est parfois beaucoup – mais rien de plus.

Que se passait-il alors à Nanteuil, lorsque de puissantes voitures se garaient, tard le soir, autour de la maison de Cécile ? Des parties d'un autre genre : des jeux à trois ou à plusieurs, avec Edouard, Cécile, d'autres filles ou d'autres garçons. Mais il n'y avait qu'un seul leader.

Ces jeux, entre adultes consentants, sont tout sauf innocents. Ils se pratiquent avec des combinaisons de latex ou de vinyle, des masques, des fouets, des godemichés et tout l'attirail propre aux relations fétichistes et sadomasochistes. Les séances sont souvent photographiées par Cécile ou d'autres participants. Lors de leur perquisition dans la maison de Nanteuil, le 14 mars, les gendarmes, agissant sur commission rogatoire du juge Graber, accompagnés, comme le veut la loi, d'une magistrate française, trouveront des tiroirs entiers de clichés compromettants, certains témoignant de scènes d'une violence inouïe.

Cécile et Edouard sont alors accros l'un de l'autre et tout autant de leurs pratiques. Ils fréquentent assidûment les clubs sadomasochistes, à Paris comme en Suisse, si l'on en croit Pascal Maurer, l'un des avocats de la meurtrière. C'est dans l'air du temps. Après l'échangisme, devenu d'une banalité confondante, le sadomasochisme s'assume de façon de plus en plus manifeste dans les sociétés développées[1]. N'importe quel flâneur, dans les rues de New York, ne peut qu'être frappé par le nombre de boutiques spécialisées présentant en vitrine fouets, masques, ceintures, combinaisons en vinyle, et tout l'attirail du parfait père fouettard. A Paris, sauf à Pigalle et dans quelques quartiers chauds, on n'en est pas là, mais le sadomasochisme s'est néanmoins banalisé et de nombreuses boîtes spécialisées ont vu le jour, ouvertes aux premiers venus. On peut s'en étonner, mais rien de plus simple que d'aller dans ces lieux pour contempler quelques Cruella gainées de cuir fouetter joyeusement leurs compagnons asservis... Ou des femmes attachées et suspendues, se laisser pénétrer par toutes sortes d'objets, voire des avant-bras entiers... On y croise des couples branchés, venus pour voir et pour s'amuser et qui, d'un coup, sautent le pas.

---

1. Le mot sadomasochisme fait référence à la fois au marquis de Sade et à Sacher-Masoch. Sadisme et masochisme sont présentés, dès l'origine, comme deux perversions complémentaires. Freud ira plus loin. Il fait « du sadisme et du masochisme les deux versants d'une même perversion dont la forme active et la forme passive se retrouvent dans des proportions variables chez le même individu » (cf. J. Laplanche et J.-B. Pontalis, *Vocabulaire de la psychanalyse*, PUF, 1967).

Ces pratiques sexuelles longtemps considérées comme anormales sont de plus en plus pratiquées, partagées et assumées par un nombre croissant d'individus des deux sexes. « Elles sont devenues le moteur d'une expression esthétique, culturelle et sociale qu'on ne peut plus négliger, écrit Mona Sammoun qui rappelle : en même temps, d'autres pratiques, comme la pédérastie, normale à certaines époques, sont aujourd'hui stigmatisées [1]. » Il est vrai que ces choses-là vont et viennent. Il n'empêche qu'en dépit d'une acceptation croissante des pratiques sadomasochistes dans nos sociétés occidentales, peu de gens, connus et inconnus, sont prêts à les assumer publiquement.

Pour Edouard Stern et Cécile Brossard, c'est là leur jardin secret, en dehors duquel ils s'efforcent d'offrir les apparences d'une vie de couple normal. A Nanteuil, Cécile fait surélever la grande poutre du grenier après que son amant s'y est, à plusieurs reprises, fracassé la tête. La douleur, d'accord, mais à condition de se l'infliger volontairement ! Peu à peu, Stern va tenter de faire entrer Cécile dans le cercle de ses amis. Il commence à l'emmener dans ses dîners où, sans être brillante, elle passe pour une fille ouverte et plutôt sympathique. Mais certains d'entre eux trouvent que, « cette fois, Edouard a tapé dans le bas de gamme », sans évidemment le lui dire ni même prendre le risque de le lui faire comprendre. Car chacun le sent accro, sans comprendre pourquoi. Sauf peut-être Lindsay Owen-Jones, la plupart d'entre eux ne connaissent rien de la vie privée secrète de leur ami.

---

1. Mona Sammoun, *Tendance SM, essai sur la représentation sadomasochiste*, éditions La Musardine, 2004.

Accro, Edouard Stern l'est indubitablement. Sans s'y décider complètement, il souhaite faire entrer Cécile dans sa vie officielle, comme celle-ci le lui réclame avec insistance. Un jour, il saute le pas en franchissant l'épreuve la plus difficile : il organise un rendez-vous entre Cécile et Fabienne, entre sa maîtresse et sa sœur. Entre les deux femmes qui, chacune à sa manière, dominent cet enfant de cœur. L'« artiste » blonde, maigre, superficielle et exaltée n'a rien, mais alors vraiment rien de commun avec la productrice de télévision ; brune, intellectuelle, solide et sombre parce que endurcie par les malheurs de la vie, Fabienne est une femme généreuse, sous ses abords durs.

Mais elle réagit comme toute sœur aimante : elle se force à trouver Cécile plutôt sympathique, même si elle reconnaît qu'elle n'avait pas grand-chose à lui dire. Elle se garde bien d'émettre la moindre critique auprès d'Edouard. Elle le connaît trop et de toute façon ce n'est pas à son âge qu'on peut changer le cours des choses : si Cécile lui plaît, tant mieux pour lui et tant mieux pour elle ! Il n'empêche que Fabienne ne poussera pas le dévouement jusqu'à se rapprocher de Cécile : la sœur et la maîtresse ne se verront en tout et pour tout qu'une seule fois, ce jour-là.

Edouard Stern ne prendra pas le risque de présenter Cécile à son ami Kristen Van Riel : celui-ci n'apprendra son existence que le 24 février 2005, quatre jours avant le meurtre ! En revanche, il va tenter de faire apprécier Cécile par ses deux garçons, Louis et Henry, en utilisant un véritable stratagème. Comme il le fait depuis plusieurs années, en 2003, il a loué, en Tanzanie, une réserve de chasse grande comme la Belgique : Selous Park. Pour tout le mois d'août et pour lui tout seul. Il invite pendant les quinze premiers jours ses deux fils, en même temps que Cécile et le couple d'amis qui les a mis en relation. Il est entendu que Cécile sera présentée à Louis et à Henry comme une simple amie d'Albert et de Véronique. C'est aussi ce qu'Edouard Stern dit à Béatrice, son ex-femme, qui veille au grain dès qu'il s'agit de l'éducation et de la santé morale de ses enfants.

Je ne sais si Louis et Henry sont restés longtemps dupes de la situation. Ce dont je suis certain, en revanche, c'est qu'ils ont pu voir quel chasseur était leur père. L'avantage, avec les avions privés, c'est qu'on y emporte un peu ce qu'on veut, sans trop se soucier des douaniers et des règles. Pour aller en Tanzanie, en ce mois d'août 2003, Edouard Stern avait embarqué assez d'armes de guerre pour prendre le contrôle, avec quelques mercenaires, d'un pays africain de taille moyenne. « Amateur de gros calibres, il avait acheté des armes de poing, mais aussi des fusils, affirme l'un de ses armuriers à Genève ; en particulier un FAS 90, le fusil de guerre de l'armée suisse. » Il était aussi très fier de son fusil sophistiqué de tireur d'élite de l'armée israélienne qu'il avait acheté je ne sais où et avec lequel il chassait les buffles. Edouard Stern tue, tue et tue, du petit matin jusqu'au soir. Il tue tous les animaux qui passent à sa portée, sans se soucier des règles de la chasse. Au point que son ami Bob Benhamou qui, lui, ne chasse pas, lui dira :

– Tu aurais mieux fait d'acheter le zoo de Vincennes.

– Pourquoi ?

– Il y a tout autant d'espèces à exterminer et elles sont en cage. Ce serait moins dangereux.

Car chasser, dans ces conditions, est effectivement une activité à hauts risques. Dans ce parc naturel, il n'y a aucun village. Les animaux n'ont jamais vu d'homme. La vie est spartiate : lever à 5 heures, affût, chasse, coucher à 21 heures. Il faut entretenir des feux toute la nuit pour éloigner les lions qui peuvent vous dévorer ou les éléphants qui peuvent vous écraser. Tout peut arriver. Dans ce cadre, Edouard Stern, surarmé, libre de tuer tout ce qui bouge, se sentait libéré de toute contrainte, hors de la légalité, au-dessus des convenances et des lois, tout simplement roi du monde.

« Par un tour familier de cette faiblesse qui anime les hommes, après avoir chassé ses ancêtres, il est revenu à l'ancienne passion des siens, la chasse, écrira le cousin Hadrien dans son livre éclairant et incroyablement prémonitoire. Approchant de la fin, son besoin de carnage devint considérable [...]. Ours, lapin fluo, hérisson noir et globuleux, même le dahu, tous le craignaient. La brume froide du matin, l'haleine de l'animal affolé et le nuage bref causé par l'explosion de la poudre dans le canon du fusil composaient à l'instant de la détonation un abrégé de l'esprit du tueur qu'il était devenu. Du mort[1]. » Un texte écrit, il faut le rappeler, avant son assassinat et publié juste après...

Pendant ces quinze jours en Tanzanie, Cécile a parfaitement joué le jeu, faisant croire qu'elle était l'amie du couple et rien de plus. Elle partait chasser avec Stern et revenait avec ses trophées. Elle savait que c'était un test auquel elle était soumise : il voulait voir si elle était capable de se contrôler et se rendre

---

1. *Les Orphelins, op. cit.*

compte si elle pouvait s'entendre avec ses enfants. Le test s'était bien passé. Au bout de quinze jours, Bob et Véronique ont repris un avion de ligne, depuis Dar es-Salaam, en ramenant Henry, le cadet des deux garçons, alors à peine âgé de treize ans, à sa mère, qui était venue le chercher à Roissy. Cécile était restée avec Edouard et Louis, pour les quinze jours suivants. Béatrice s'en est étonnée :

— Votre amie n'est pas rentrée avec vous ?

— Non, elle a eu un problème de billet. Elle a dû rentrer hier, par un autre vol, lui répond Bob Benhamou.

— Ah bon. Et Edouard, il a tué beaucoup de bêtes ?

— Plus que tu ne peux l'imaginer. Je ne pensais pas que c'était possible.

A la fin de la même année, Edouard Stern passera le réveillon en compagnie de Béatrice, de Bob et de Véronique. Mais l'été suivant, en août 2004, il louera à nouveau, toujours pour lui seul, le même immense territoire de chasse. Cette fois il s'y rendra seul avec Cécile. Sans ses enfants.

Chapitre 17

Descente aux enfers

C'est justement à partir de cet été 2004 que la relation, déjà passionnelle, entre Edouard Stern et sa maîtresse va prendre un tour particulièrement violent, excessif et finalement mortifère. A Nanteuil, on se souvenait de Cécile Brossard comme d'une fille plutôt gentille, qui venait chez elle au volant d'une Smart, puis d'une Mercedes immatriculée en Suisse, ce qui attirait l'attention des voisins. Cécile est décrite dans le village comme une « jolie fille sans complexes, qui n'avait pas froid aux yeux et aimait faire la nouba ». Il n'était pas rare de voire de grosses berlines garées rue Chatelier. Mais elle n'était pas mal vue pour autant. « C'était une fille sympa qui venait en jogging acheter ses cigarettes et boire un petit café », me raconte le patron du café PMU de la Croix-Rouge. Lorsqu'elle quittait le village pour aller passer quelques jours en Suisse, elle ne manquait pas de revenir avec des chocolats qu'elle distribuait aux commerçants, avec un mot gentil pour chacun. Sans être spécialement jolie, cette blonde, aimable, avait du chien.

Mais peu à peu, les voisins de Cécile la voient se transformer. Elle maigrit à vue d'œil (elle perdra six kilos au cours des six mois précédant le meurtre), devient sombre, parfois agitée, souvent au bord des larmes. Elle ne sort plus guère de chez elle, lorsqu'elle est à Nanteuil, où elle ne dessine plus que des portraits torturés de son amant.

Elle est folle de jalousie. C'est la jalousie et la volonté de se faire du mal qui la pousse, en octobre, à retrouver les coordonnées de Julia Lemigova et à organiser cette rencontre malsaine avec elle, à Paris. Elle ne croit pas à ses dénégations lorsqu'elle lui affirme ne plus avoir de relations avec Edouard Stern. Sans doute a-t-elle de bonnes raisons de ne pas la croire. Julia soutient qu'elle n'a plus avec Edouard que des rapports amicaux et qu'elle ne le voit presque plus. En réalité, il est toujours proche d'elle. Au point, sans doute, de lui donner des coups de pouce sur le plan professionnel. C'est ainsi que le visage de Julia Lemigova apparaît en animation du site Internet de Sanofi-Aventis consacré au « train du cancer », une opération de relations publiques. On a vu qu'Edouard Stern a été partie prenante dans la fusion entre Sanofi et Aventis. En a-t-il profité pour introduire Julia comme modèle dans les services de communication du groupe pharmaceutique ? Le banquier déchu est-il encore son amant secret ? Rien ne permet de l'exclure. Cécile, en tout cas, en est persuadée. Elle va s'humilier, après leur rencontre, en rappelant nuit et jour celle qu'elle considère comme sa rivale.

Edouard Stern aussi va s'humilier. Lui aussi est malade de jalousie. Au point que, cinq jours avant sa mort, il débarquera à Nanteuil, à l'improviste, après avoir tenté pendant plusieurs jours de joindre Cécile, qui avait coupé son portable. Elle s'était enfuie peu avant son arrivée, se cachant dans la campagne alentour. Il avait hurlé comme une bête dans le village en proférant des menaces si violentes que des voisins avaient envisagé d'appeler les gendarmes. Un autre jour où elle avait tenté de le quitter, il était ainsi venu la chercher à Montreux et elle avait été contrainte d'appeler la police pour le faire partir. D'autres fois, il se faisait plus discret.

Lorsque Cécile lui échappait, il lui arrivait de se rendre en voiture jusqu'à Clarens, de se garer au-delà de la voie ferrée qui passe juste derrière la résidence où Cécile est hébergée par son ami Xavier. Il grimpait sur une colline relativement distante et observait les fenêtres du couple, avec des jumelles à vision nocturne hautement sophistiquées, utilisées par l'armée israélienne, en espérant y voir une preuve de son infortune. Il lui est arrivé de fouiller leurs poubelles. Il pouvait passer la nuit à se poster ou à tourner autour de la résidence de sa maîtresse. Seul, comme un enfant perdu. Comme l'enfant perdu qu'il était. Un jour, après une telle virée nocturne à Clarens, il était rentré à Genève et l'avait une nouvelle fois appelée sur son portable et sur le téléphone fixe de Xavier Gillet, tous deux débranchés. Alors il avait envoyé à sa maîtresse cet e-mail : « Je t'aime à en crever, j'ai envie de ce que tu sais. »

Edouard était devenu complètement accro de Cécile sur le plan sexuel.

Et pourtant, en dépit du gouffre dans lequel les deux amants s'enfoncent inexorablement, le « banquier » donne le change : à la mi-février, au moment même où il se cache dans les bois, comme un adolescent, pour observer les faits et gestes de Cécile, il vient passer une journée à Paris pour assister au conseil d'administration d'Altadis. Comme des milliers de cadres supérieurs le font tous les jours, il a pris le vol régulier Genève-Paris de 7 heures du matin, avec son costume et son attaché-case. Il ne donne aucun signe de trouble, paraît même détendu.

Que s'est-il passé pour que le richissime divorcé, qui laissait parfois entendre à ses proches qu'il avait des maîtresses un peu partout dans le monde, entre dans une relation aussi fusionnelle, aussi sombre et aussi exclusive avec Cécile Brossard, sa dominatrice ? On peut supposer qu'elle a réveillé le masochisme qui était en lui depuis toujours et qu'il avait enfoui, en le sublimant par une forme de puissance et de violence qu'il a exprimées aussi bien dans le cadre de sa vie privée que dans le business. Car, depuis Sade et Sacher Masoch, chacun sait que domination et soumission sont le recto et le verso de la même pièce.

Or, depuis son éviction de Lazard, depuis son divorce et la mort de l'enfant de Julia qu'il n'a jamais reconnu, Edouard le conquérant était entré dans une logique d'échec, qu'il n'a bien entendu jamais admise ni même assumée consciemment. Après avoir pris la banque familiale entre vingt-deux et vingt-cinq ans, après être devenu, à moins de trente ans, l'un des hommes les plus riches de France, après avoir été le dauphin choisi pour présider la banque Lazard, il n'était pas parvenu à en être le patron. Il n'était d'ailleurs plus patron de rien, il n'était pas banquier, il n'était pas reconnu, il était craint et méprisé, il n'était pas lui-même un artiste. Comment ne pas avoir le sentiment d'avoir gaspillé des qualités exceptionnelles ? Même sa capacité à faire de l'argent, qui ne légitime pas une vie, avait disparu. Il y avait aussi sa bisexualité, dont personne ne sait comment il la vivait, dans son conscient et dans son subconscient. De là pourrait venir son goût malsain pour les armes, pour la chasse – en réalité de vraies tueries d'animaux de toutes sortes. Et cette volonté de faire partager sa passion pour les armes à toutes ses maîtresses, depuis sa jeunesse, n'a-t-elle pas un rapport avec son incapacité à se comporter en homme avec elles ? C'est en tout cas ce qu'affirme une amie commune à Cécile et à lui : « Il n'arrivait jamais à adopter avec ses maîtresses une relation phallique. Et soudain, avec Cécile, la femme est devenue le phallus. Elle le complétait. La perdre, c'était se castrer. Ils étaient devenus fusionnels. » Analyse superficielle, peut-être, mais qui en vaut bien d'autres...

Edouard Stern n'a jamais rien fait à moitié. Rien ne le dégoûtait plus que la banalité. « Il voulait à tout prix mener une vie exceptionnelle, pleine d'êtres d'exception », explique l'un de ses plus proches amis. « Il détestait la banalité, recherchait la surenchère[1] », ajoute un membre de sa famille au *Nouvel Observateur*. Sa sœur Fabienne elle-même racontait que son exigence de dépassement le conduisait dans l'inconnu.

Enfermé dans son malheur intime, Edouard Stern a toujours voulu repousser les limites, toutes les limites. Sa relation avec Cécile, qui sublimait son sentiment de culpabilité, prend tout son sens dans un tel contexte. Car la relation sadomasochiste, fondée sur la douleur[2], est un moyen incomparable, affirment les

---

1. *Le Nouvel Observateur*, 10 mars 2005.
2. Ceci s'explique en partie par des raisons physiologiques : les endorphines sécrétées au moment de la simulation de la douleur et de la douleur elle-même entraînent une sensation de plaisir, comme en témoignent le visage extatique de la représentation de certains martyrs chrétiens, ou une photo célèbre d'un Chinois soumis à la torture, au début du siècle dernier.

spécialistes, de dépasser ses propres limites. Cette « libération » est parfaitement exprimée dans un témoignage recueilli par la sociologue Véronique Pourrain : « J'attends cet instant où je me détache de mon corps pour découvrir d'autres univers [...]. Je perds alors tout contrôle sur la situation, tous mes repères disparaissent et je me livre totalement à celle qui est mon plaisir, et pour son plaisir. Dans ces moments-là, elle peut tout. Il n'existe plus de limites. Mon corps et mon esprit lui appartiennent. La souffrance devient accessoire, mais c'est elle qui permet ce basculement. La douleur me fait rapidement perdre mes repères. Alors, tout devient possible [1]. »

Dans *Portier de nuit* de Liliana Cavani, œuvre culte des sadomasochistes depuis sa sortie en 1973, l'ancien officier SS (Dick Bogarde) et l'ancienne déportée (Charlotte Rampling) qui se retrouvent quatorze ans plus tard, sont liés par une puissante relation érotique qui dépasse leurs résistances rationnelles. Les néophytes y découvrent alors la profondeur du lien sadomasochiste et l'addiction qu'il peut entraîner.

Entre Edouard et Cécile, entre le dominé et la dominante (sur le seul plan sexuel), le lien ne peut plus être brisé. Que par la mort.

Le plus curieux, dans ce lien hors normes, est le décalage sidéral entre des pratiques d'adultes parvenus au bout d'eux-mêmes et le caractère parfaitement infantile de leur relation. Elle le fouette, il se laisse battre et humilier mais ils se comportent en même temps comme des adolescents fleur bleue. Ils s'échangent leurs sangs, bras contre bras, dans un pacte

---

1. Citée par Mona Sammoun dans *Tendance SM, essai sur la représentation sadomasochiste, op. cit.*

d'amour. Cécile se marque le poignet de la lettre E, pour Edouard, mais au lieu de le faire, comme les enfants épris l'un de l'autre, au stylo-bille ou au marker, elle se brûle avec un morceau de métal chauffé à blanc.

Ils ne cessent de se quitter et de se retrouver, dans une manière de ballet infernal, où leur conflit s'apaise dans le déchaînement de leur sexualité si particulière. Ils s'envoient des mots doux sur du papier à lettres de midinette ainsi que des milliers de SMS ou d'e-mails, et photographient certains d'entre eux qu'ils gardent en souvenir. Plus d'un sont d'une violence extrême, d'autres parlent d'amour fou et de recherche d'absolu. Nombre d'entre eux figurent désormais au dossier de l'instruction. Cécile écrit : « Les horreurs que tu me dis me détruisent. » Faisant allusion aux relations de Stern avec au moins deux autres femmes, elle ajoute : « J'espère au moins que tu [y] trouves quelque plaisir. » Ou bien : « Je ne rejette pas sur toi la responsabilité de notre échec. » Un jour où elle l'a quitté « définitivement », elle lui donne une explication : « C'est toi qui as voulu que ce soit fini entre nous avec toutes les insultes que tu m'as faites ce matin. » Edouard, de son côté, regrette l'impatience de Cécile : « Au premier nuage, c'est le silence, le refus d'affronter la réalité. J'ai peur que tu vives dans un monde virtuel où tu vois les gens, y compris moi, comme tu les imagines plutôt que comme ils sont. »

Cécile, qui tient son journal sur son ordinateur portable, rapporte une phrase de son « esclave » : « Ma pauvre fille, si tu crois que je vais te donner mon nom... » Mais une autre fois, il lui adresse un SMS : « J'espère que tu dors un peu. Comment en est-on arrivés là ? Un jour, j'aimerais te parler de ce qui s'est produit. »

Sur la base de ces échanges épistolaires et de la vision, encore partielle, qu'ils ont du dossier, les avocats pénaux de Cécile Brossard et de la famille Stern vont se lancer, par voie de presse, dans des querelles un peu vaines mais décisives lorsque viendra le temps du procès, de l'évaluation des responsabilités et des circonstances atténuantes – sur qui dominait et qui était dominé dans ce couple particulier. Débats artificiels : leurs relations étaient, si l'on peut dire, traditionnelles. Il est clair que dans ce qu'on peut appeler la vie courante, Edouard Stern dominait Cécile Brossard de la tête et des épaules, par sa stature, sa richesse, son milieu social. Mais en même temps, Cécile exerçait sur lui tout son pouvoir de femme, ce pouvoir de séduction et de refus qui peut parfois réduire les hommes les plus puissants à l'état de larve, « l'ombre de ta main, l'ombre de ton chien », comme l'a chanté Jacques Brel. Et, dans leur vie intime, on sait que la relation maîtresse-esclave, l'une dans sa tenue de cuir, le fouet à la main, l'autre sanglé et ligoté dans sa combinaison de latex, n'est qu'une apparence : chacun tient l'autre à sa merci. Chacun à sa manière.

Pour Pascal Maurer, l'avocat pénal de Cécile Brossard, c'est Edouard Stern qui conduit le bal tragique : « Il lui promet le mariage aussitôt que son divorce sera jugé, alors que celui-ci est effectif depuis six ans. Stern joue avec sa maîtresse comme le chat avec la souris. » Un jour il lui assure qu'il l'aime, un autre jour il la traîne dans la boue, un autre jour il refuse de la prendre au téléphone, raconte Cécile, depuis sa prison, à son avocat. Lorsque Cécile veut en finir avec cette relation malsaine, Edouard lui écrit des lettres enflammées l'implorant de revenir auprès de lui.

En revanche, pour Mᵉ Bonnant, l'avocat de la famille Stern, le plus dépendant des deux, dans le couple, était Edouard Stern. Elle le menaçait sans cesse de le quitter, le faisait chanter sur ce thème, cherchait à se faire épouser. Il ne le supportait pas, ne supportait pas non plus qu'elle vive avec quelqu'un d'autre.

Edouard et Cécile, dont la croissance émotionnelle et psychologique s'est arrêtée à l'adolescence, étaient entrés dans une vraie relation schizophrénique : ils s'aimaient et se haïssaient en même temps, dans un effet de miroir où ils se découvraient chacun à travers l'autre. Chacun détestait une part de lui-même qu'il projetait sur l'autre. D'où la volonté de tuer l'autre, tout en l'épargnant : on se contente donc de souffrir ou de le faire souffrir. Ce type de rapport de force s'inscrit parfaitement dans le cadre des relations sado-masochistes traditionnelles. Chacun sait que celles-ci mettent en scène la violence, le pouvoir et la mort, mais justement parce qu'il s'agit d'une simulation, on sait aussi qu'elles débouchent très rarement sur des meurtres réels. Les rapports masochistes traditionnels sont fondés sur la confiance : elle seule permet l'abandon total du soumis à la dominatrice qui sait parfaitement jusqu'où ne pas aller trop loin.

Que s'est-il passé pour que l'histoire se termine avec quatre balles de 9 millimètres dans le corps d'Edouard Stern ? La réponse vaut un million de dollars. Un pourboire pour Edouard Stern, une assurance-vie pour Cécile Brossard.

Chapitre 18

Pour un million de dollars

C'est une lettre écrite à l'encre violette sur du papier rose, comme celle que choisissent les adolescents d'avant l'époque des SMS pour s'envoyer des mots tendres. Une lettre qu'Edouard Stern a déposée lui-même à Nanteuil-le-Haudouin, dans la boîte aux lettres de la maison de Cécile Brossard. Il avait trouvé porte close. C'est une lettre d'amour dans laquelle il lui déclare sa flamme, lui promet de l'épouser dès que possible et de lui faire un enfant. Pour lui donner une preuve de sa sincérité et de la profondeur de ses sentiments, Edouard promet à Cécile de lui verser un million de dollars, dont les revenus lui permettront de vivre totalement libre, sans dépendre de son protecteur Xavier Gillet.

Est-ce pour la déclaration d'amour ou pour la promesse de toucher un million de dollars ? Lorsqu'elle ouvre l'enveloppe cachetée à la cire, Cécile Brossard est au paradis. Cette lettre, elle va la montrer à tous ses amis et même à ses relations, dans les couloirs de la Foire internationale d'Art contemporain (FIAC), fin octobre 2004. Plusieurs de ses proches la mettent en garde :

— Tu rêves, cocotte, lui dit l'un d'eux ; ne te fais pas d'illusions.

– Arrête, vieux. Il a enfin réalisé que nous étions faits l'un pour l'autre. Nous nous aimons.

– Ce n'est pas une raison pour te verser un million de dollars. Tu sais parfaitement que ton mec est radin. Il ne t'a jamais fait le moindre cadeau.

– Si, il m'en a fait.

– Lesquels ?

– Un pull en cachemire, une Swatch, une peau d'ours...

– Autant dire rien, depuis le temps que vous êtes ensemble. On est loin d'un million de dollars.

– Mais nous nous sommes mis d'accord. Je ne toucherai pas au capital, mais seulement aux intérêts. Soit 4 200 dollars par mois, au minimum. Nous avons d'ailleurs déjà discuté de la meilleure façon de le placer pour m'assurer le meilleur rendement. C'est quand même un spécialiste, non ?

– Cécile, sois raisonnable. Je te dis que cet argent, tu n'en verras jamais la couleur !

– Tu verras !

Les doutes, les réticences de ses proches mettent Cécile Brossard en fureur. La maîtresse dominatrice et calculatrice, âgée de trente-six ans, est en même temps une jeune femme naïve et exaltée, une adolescente prolongée. Cette lettre d'Edouard, elle ne va plus cesser de la garder sur elle et de la montrer en toute occasion. Et lorsqu'elle sera emprisonnée, que la lettre sera saisie pour les besoins de l'instruction, elle obtiendra la faveur de pouvoir en conserver la photocopie dans sa cellule. Cette demande était-elle sincère ou bien tactique, entrant dans le cadre d'un personnage qu'elle se serait construit pour les besoins de sa défense ? Pour les avocats de la famille Stern, il ne fait aucun doute que la démarche de Cécile Brossard, qui tenait Edouard à sa merci, était moins romantique et plus cupide qu'elle ne veut le faire croire : elle menaçait tout simplement de quitter son amant s'il ne lui versait pas ce million de dollars.

Cécile avait raison : la promesse de Stern, contenue dans la lettre sur papier rose, sera tenue. Sur un ordre de virement daté du samedi 12 février, Edouard Stern transfère un million de dollars de l'un de ses comptes sur celui de Cécile Brossard, à l'agence du Crédit Suisse de Montreux. La somme est effectivement transférée le lundi. Après s'en être assurée, Cécile, dès le lendemain matin, va retirer 5 000 dollars sur son compte, soit exactement 0,5 % du million de dollars qui lui est versé. C'est le rendement que doit produire chaque mois la somme déposée sur son compte, selon les engagements de Stern. Seul problème ; elle tape d'emblée dans le capital, car le million de dollars n'a évidemment pas eu le temps de produire le moindre intérêt. Mais qu'importe : elle a gagné. Elle a pêché le gros poisson, après l'avoir travaillé plusieurs mois.

Le soir même, Cécile se retrouve à dîner chez un artiste, à Saint-Ouen, dans la banlieue nord de Paris. Elle est euphorique. Elle clame, à qui veut l'entendre : « Demain matin, je pars avec mon mec en avion privé à New York, avec son Golfe Stream. » Mais elle ne semble pas dans son état normal, aux yeux de ceux qui la connaissent bien. Amaigrie, les yeux enfoncés et dilatés, elle semble droguée, ou bien saoule. Elle parle fort, se met en avant. Ce soir-là, elle allumera, de façon presque indécente, tous les convives qui participent à cette soirée.

De fait, dès le lendemain, elle rejoint son amant pour se rendre avec lui au Bourget, où l'attend son

Gulfstream personnel. Mais à sa grande déception, ce ne sera pas vraiment un voyage en amoureux. Car, parti pour New York avec Cécile, il la laissera à l'hôtel pour la deuxième partie de son séjour afin d'aller rendre visite à Béatrice et à ses enfants, qu'il emmènera au restaurant avant d'aller dormir chez eux, comme il le faisait chaque fois qu'il allait à New York[1]. Ainsi qu'à sa grand-mère Alice Stern, presque centenaire et toujours ravie de voir son petit-fils. Cécile admet mal qu'au cours de leur séjour à New York, Edouard ait consacré plus de temps à sa femme, à ses enfants et à sa grand-mère qu'à elle. Déjà, préparant ses vacances de fin d'année, il avait annulé un projet de voyage en Inde avec Cécile, après une altercation[2]. Et il l'avait aussitôt transformé en voyage mi-professionnel, en raison des intérêts qu'il détient là-bas, mi-familial, avec Béatrice et leurs enfants !

Au cours de ce week-end à New York, Cécile remâche sa rancœur. Elle n'imagine probablement pas qu'à cause d'elle, ce samedi, il verra pour la dernière fois son ex-femme, ses enfants et sa grand-mère.

Edouard Stern revient dans la nuit du samedi au dimanche, pour assister à un dîner organisé le dimanche 20 février par Renaud Donnedieu de Vabres, ministre de la Culture, en l'honneur de Mme Pompidou. Amie des grands de ce monde, la journaliste Caroline Pigozzi, qui était invitée à ce dîner, raconte dans *Paris Match* qu'Edouard Stern entraînait « tous

---

1. Au point que, peu avant sa mort, Béatrice lui avait dit, en riant : « Il y a sept ans que nous sommes divorcés, peut-être faudrait-il que tu songes à aller dormir à l'hôtel, non ? »

2. En « compensation », Edouard emmènera Cécile à Venise, le week-end des 8 et 9 janvier.

les autres hôtes de la table à partager sa bonne humeur[1] ». Entouré, entre autres, de Mgr Di Falco et de son ami Stéphane Lissner, Stern se montre ce soir-là particulièrement en verve, « l'allure et le rire communicatif », écrit Caroline Pigozzi. Circonstance amusante : la journaliste de *Paris Match* était une ancienne amie de Stern mais ils ne se fréquentaient plus, sauf par hasard, comme au cours de ce dîner. Car Caroline Pigozzi est dans les meilleurs termes avec Jean-René Fourtou, devenu le pire ennemi de Stern depuis l'affaire Rhodia !

Joyeux et détendu, Edouard Stern ? Il cache bien son jeu. Car en réalité, il est à bout. Dès le lendemain, Cécile et lui vont se déchirer comme jamais. C'est, selon elle, la plus violente dispute qu'ils aient jamais eue jusque-là. Selon les avocats de la famille Stern, Cécile avait exigé un million de dollars pour accepter de rester avec lui mais, aussitôt celui-ci versé, elle aurait rompu son engagement de venir vivre chez son amant à Genève et lui aurait même annoncé qu'elle ne voulait plus le revoir. Me Bonnant affirme qu'Edouard Stern s'est senti blessé, humilié et désemparé. Pas facile, dans sa position, d'admettre qu'il « s'est fait rouler comme un bleu ». Une version des faits totalement contestée par les conseils de Cécile Brossard. Pour eux, Edouard Stern se serait tout simplement ravisé en expliquant à Cécile qu'il n'était pas question de mariage ni d'enfants avec elle. « Oublie ce million de dollars et quitte ce sale bonhomme », lui aurait alors dit Xavier Gillet qui, attaché à Cécile la dominatrice, la voyait d'un mauvais œil acquérir son indépendance financière et donc, très probablement,

---

1. *Paris Match*, 10 mars 2005.

s'éloigner de lui. Toujours le même problème : comment connaître la vérité de leurs sentiments dans l'entrelacs de leurs déclarations et de leurs provocations, dont on ne trouve qu'une trace partielle dans les nombreux SMS qu'ils se sont envoyés ? On ne peut se fier à Cécile Brossard et à ses avocats qui ne retiennent de l'histoire que ce qui les arrange.

Seul fait incontestable : dès que Cécile touche son million de dollars, elle coupe les ponts avec Edouard. Elle quitte la Suisse et se cloître à Nanteuil où elle débranche ses téléphones fixes et portables. Edouard se sent ouvertement trahi et volé comme au coin d'un bois. Il décide aussitôt de faire placer le million de dollars sous séquestre, dans le cadre d'une procédure civile d'urgence. A un Stern, tout est permis. D'abord, il achète un nouveau coupé Bentley Continental, une voiture qui ne vaut pas loin d'un demi-million de dollars. Sans doute pour relativiser l'importance du cadeau forcé qu'il a fait à Cécile. Ensuite, l'un de ses avocats présente une requête, datée du 22 février et préparée la veille, au juge de paix de Vevey, ville voisine de Montreux. Cette requête s'appuie sur un « contrat oral » portant sur huit tableaux de Chagall dont « Mme Cécile Brossard est propriétaire ». Elle se serait engagée à lui en vendre une sélection. La requête indique que Cécile Brossard a refusé d'accompagner Edouard Stern dans les entrepôts des Ports-Francs de Genève où se trouveraient les tableaux. « Une attitude qui laisse penser que Mme Brossard refuse d'effectuer la transaction. »

Le juge de paix de Vevey, siège de la multinationale Nestlé, est plus suisse que nature. On ne sait s'il est dur avec les pauvres, mais il est à coup sûr tendre devant les riches. Et même complaisant : sans la moindre vérification, sans s'étonner qu'une Cécile Brossard puisse posséder huit tableaux de Chagall, sans se rendre compte qu'un tel trésor vaut dix fois plus qu'un million de dollars, il ordonne la saisie conservatoire de la somme en cause.

Pourtant, cette requête est fondée sur un mensonge éhonté : il n'y a jamais eu le moindre tableau de Chagall dans les entrepôts des Ports-Francs à Genève. Mais Stern pouvait-il dire la vérité, à savoir qu'il avait payé un million de dollars pour que sa maîtresse dominatrice reste auprès de lui et que celle-ci s'était enfuie, sitôt la somme versée [1] ?

Sur le fond, pourtant, sa démarche n'est pas si grave. La mise sous séquestre est une mesure conservatoire qui ne préjuge en rien de l'avenir. Or le dossier d'Edouard Stern était très faible : il n'aurait pas tenu devant un tribunal, même suisse. Et en attendant, le million de dollars restait bien, quoique gelé, sur le compte de Cécile où il allait produire ses intérêts. Edouard Stern sait évidemment qu'il ne pourra jamais récupérer en justice son million de dollars si Cécile s'y oppose. Il n'a pris cette mesure conservatoire que pour gagner du temps et rétablir le rapport de force

---

1. L'explication technique est la suivante : Cécile Brossard a, sur les instructions de son amant, voulu ouvrir un compte, sans faire de dépôt, en expliquant qu'elle allait recevoir un million de dollars. Le banquier, selon les règles nouvelles auxquelles la Suisse s'est pliée, lui a demandé d'où venait cet argent. Elle n'a pas su quoi répondre. Le banquier a donc refusé d'ouvrir le compte. Stern a alors conseillé à sa maîtresse d'inventer cette histoire de tableaux, ce que Cécile a fait. Le banquier a alors fait semblant de la croire et a ouvert le compte. D'où l'utilisation de cet argument pour provoquer le séquestre.

en sa faveur. « Celui qui donne et qui reprend, c'est le fils du serpent », affirme un proverbe turc. En organisant cette mise sous séquestre, Stern est redevenu le « cobra ».

Encore faut-il retrouver Cécile. Dès le lendemain, il prend son gros 4 x 4 BMW aux vitres fumées et se rend à Nanteuil, à l'improviste. Il n'a toujours pas pu joindre sa maîtresse. Mais celle-ci, pressentant son arrivée, ne se trouve pas dans sa maison, dont Edouard, évidemment, détient les clés. Elle s'est cachée dans la campagne alentour. Il l'attend. Finalement, elle revient. Il lui annonce un peu plus tard qu'il a fait bloquer par un juge le million de dollars qu'il lui avait versé. Bravache, celle-ci lui répond, dans un premier temps, qu'elle s'en fout, s'il tient sa promesse de mariage et d'enfant. C'est du moins sa version. Mais très vite, elle s'inquiète et s'énerve. « Donner c'est donner, reprendre c'est voler », lui dit-elle en reprenant la phrase des cours de récréation. Elle le traite d'enfant gâté, lui dit qu'il est incapable de devenir adulte, de prendre avec elle une décision et de s'y tenir. Depuis sa prison, Cécile Brossard affirmera plus tard : « Je n'ai pas compris pourquoi il m'a repris cet argent, qui était une preuve d'amour. » Lui promet-il alors de revenir sur sa décision ? A Nanteuil, ce soir-là, il obtiendra de Cécile la punition qu'il était venu chercher.

Le lendemain, 25 février, Cécile prend un avion à Roissy, direction Genève, puis Clarens. Elle a laissé sa Mercedes à l'aéroport. Elle ne la reverra plus avant longtemps. Pas plus que sa maison de Nanteuil. Le soir, Edouard Stern, qui est rentré à Genève de son côté, l'appelle. Nouveau revirement de situation : il lui dit qu'il ne va pas lever le blocage de son compte. Elle est furieuse. Il lui demande de le rejoindre rue Adrien-Lachenal. Elle se précipite et va, à nouveau, passer la nuit avec lui. Pour le fils du serpent, il s'agit d'un jeu excitant, qui lui permet de reprendre Cécile à sa main, si l'on peut dire. Mais pour Cécile, c'est une vraie torture. La dominatrice se déchaîne d'autant plus violemment qu'elle sent n'être plus qu'un jouet entre des mains plus habiles que les siennes.

Au matin, nouvelle dispute, nouvelle rupture. Cécile quitte l'appartement en claquant la porte, et se rend directement à Montreux où elle retrouve Xavier Gillet pour, dira-t-elle, « se remonter le moral ». Stern lui demande de revenir. Elle refuse mais accepte de dîner avec lui à Montreux, le lendemain soir. Le dimanche 27 février, Edouard retrouve Cécile au Harry's Bar local. Selon *Paris Match*, « on la verra pleurer pendant tout le repas[1] ».

Le lendemain, lundi 28 février, c'est Cécile qui a repris du poil de la bête. S'est-elle rendu compte à quel point cette mise sous séquestre était fragile sur le plan juridique ? Il lui faut prendre conseil sans s'en remettre, comme elle le faisait jusque-là, à Edouard. Aussi, dès l'ouverture du bureau, appelle-t-elle son chargé de compte au Crédit Suisse. Rendez-vous est pris pour l'après-midi. En attendant, elle va se détendre dans un jacuzzi. Puis elle se rend à l'heure dite chez son banquier. Celui-ci détient l'avis de mise sous séquestre, mais n'en connaît pas la cause. Seul un avocat peut lui indiquer les motifs officiels de cette étrange mise sous séquestre.

C'est beaucoup plus sûre d'elle que Cécile se rend, peu avant 20 heures, rue Adrien-Lachenal, avec sa pro-

---

1. *Paris Match*, 20 avril 2005.

pre clé et tout son attirail. Elle est venue avec la Mini de Xavier Gillet, qu'elle utilise quand elle a laissé sa propre voiture à Roissy. Elle entre par le parking. A son bureau, Stern termine un entretien avec son avocat parisien Karim Beylouni, Hughes de Lasteyrie et Daniel Lebard, un ancien cadre de Rhodia qui l'informe, depuis plusieurs mois, de la face cachée de ce dossier. Au cours de ces échanges téléphoniques à plusieurs, entre 19 et 20 heures, il discute avec ses interlocuteurs des agressions dont ils risquent d'être l'objet. « Il craignait pour sa vie et affirmait avoir été suivi à plusieurs reprises dans la rue », racontera Karim Beylouni. Mais ce soir-là, au téléphone, Stern évoque un autre type de menaces : « Depuis la nomination de Breton aux Finances, le contexte est totalement modifié, explique-t-il. Nous avons plus de cartes en main, mais l'adversaire est, bien entendu, plus coriace. Il va y avoir une campagne médiatique contre nous, dit-il à Hughes de Lasteyrie et à ses avocats. Vous verrez, on dira que je suis homosexuel mais je m'en fous. D'ailleurs je me fous bien de tout ce qu'on peut raconter sur moi. » Jadis, il donnait le change. Mais ce jour-là, une heure avant sa mort, la perspective d'un scandale était bien le cadet de ses soucis.

Moins d'une heure plus tard, Edouard Stern sera à jamais délivré de toute angoisse. Après sa conférence téléphonique à plusieurs, il rejoint son appartement privé, où il retrouve Cécile qui l'attend, en tenue, le fouet à la main. Dominatrice dans le monde du sexe mais aussi, pour la première fois, ce soir-là, sur le plan psychologique, face à son amant. Son rendez-vous avec son banquier lui a ouvert des horizons. Elle provoque Edouard, lui affirme que sa mise sous séquestre n'a aucun fondement et ne tiendra pas devant un tribunal. Son amant élude, change de sujet, enfile sa combinaison en latex et tous les deux font l'amour, à leur manière.

Qu'advient-il ensuite ? On ne peut que se fier à la version de Cécile, reprise par ses avocats et rapportée, en particulier, dans *Paris Match* : « Il actionne un bouton, discrètement logé dans un meuble du salon. Dissimulés dans un mur, deux tiroirs coulissent. Dans l'un, les instruments érotiques pour leur séance. Dans l'autre, quatre armes à feu chargées [...]. Il enfile la combinaison en latex qu'elle lui a offerte [...]. Il a maintenant les mains ligotées [...]. Et là-dessus, elle l'aurait entendu lui répondre : – Un million de dollars, c'est cher pour une pute[1]. » C'est à ce moment-là qu'elle aurait saisi un pistolet et qu'elle l'aurait mis en joue.

J'imagine qu'il lui a dit, alors qu'elle le braquait devant son visage : « Tu n'en es pas capable », moins par volonté suicidaire affirmée que par provocation et par jeu, en une manière de roulette russe...

C'est à ce moment-là qu'elle a tiré quatre balles de 9 mm d'affilée, deux dans la tête, une dans le thorax, une dans le ventre. *L'Express* ajoute : « La cagoule que porte Edouard Stern épargne à Cécile la vision du visage de son amant[2]. » Selon son avocat, Me Bonnant, Cécile a braqué l'arme devant les yeux d'Edouard Stern, à 15 centimètres, avant de tirer à deux reprises dans le visage.

Il y a au moins une chose qui cadre mal avec l'histoire que raconte Cécile Brossard : de l'avis de tous les criminologues, une femme en fureur ou folle de

---

1. *Paris Match*, 20 avril 2005.
2. *L'Express*, 9 mai 2005.

jalousie ne tire pas à la tête de son amant, mais généralement dans le corps, soit pour ne pas le défigurer,
soit pour qu'il se voie mourir. Plus intrigant : tous les
spécialistes des armes à feu savent ce que représente
l'impact d'un coup de pistolet qui tire des balles de
9 mm et les dégâts qu'il cause à 15 cm d'un visage. La
tête peut éclater. Deux coups de suite, à bout portant,
en plein visage, c'est un carnage. Quelle colère a pu
pousser la meurtrière à ouvrir le feu de la sorte et à
continuer en tirant deux autres balles dans le corps
du cadavre, alors qu'elle connaissait parfaitement le
maniement de ces armes et leur impact ? Cette façon
de tuer évoque plus l'exécution d'un contrat qu'un
acte de folie, commis au paroxysme d'une relation
sadomasochiste. Ce qui nourrira toutes les rumeurs,
dans les jours qui suivront le crime.

Conclusion

Il y a mille façons de se suicider. Comme celle de ce grand médecin qui, dans les années cinquante, lorsque la vitesse n'était pas limitée, s'évertuait à gagner chaque fois une minute, sur le trajet entre Lyon et Clermont-Ferrand qu'il parcourait deux fois par semaine. Il a fini autour d'un arbre.

Edouard Stern, lui aussi, a augmenté au fil des ans le niveau de sa prise de risque, aussi bien dans sa vie professionnelle que privée, pour finir par se donner une mort à la Pasolini. Depuis l'adolescence, il ne supportait ni la banalité ni la médiocrité. Il cherchait le contact avec les meilleurs, aussi bien dans les affaires que dans la politique, la musique, et dans tous les domaines de la vie. Et ce contact, il l'avait trouvé. Alors, dans cette quête étrange et infinie, il a cherché ailleurs. En brisant ses dernières chaînes, en repoussant encore plus loin ses limites, il est entré dans une relation sadomasochiste destructrice, dont cet homme libre était devenu totalement dépendant. Ayant poussé à bout sa maîtresse, il s'est mis à sa merci, sanglé dans sa combinaison de latex. Cela a été sa façon à lui de jouer à la roulette russe, de faire face à son destin de malheur. Edouard Stern a choisi la plus improbable des morts, mais aussi la plus dérangeante, sinon la plus blessante, pour ses enfants et ses proches, que pourtant il adorait.

Edouard Stern est mort comme il a vécu : dans l'amour des siens et la détestation de lui-même, après avoir fait fortune mais ruiné sa vie à chercher éperdument l'amour d'enfance qu'il n'a jamais eu.

Epilogue

La famille Stern : elle a absorbé le terrible choc avec une incroyable dignité. Les enfants, surtout Mathilde, ont posé des questions crues et ont reçu, de la part de leur mère et de Kristen Van Real, des réponses claires et directes. Désormais, l'objectif principal de Béatrice David-Weill et de ses trois enfants, comme de Fabienne Servan-Schreiber et Henri Weber, est d'obtenir une vraie condamnation de Cécile Brossard qui, selon eux, n'a pas tué Edouard Stern pour des raisons passionnelles. En tout cas pas exclusivement. Ils le disent sans haine. Mais, en vue du procès, ils écartent délibérément toute analyse d'un Edouard Stern qui aurait été l'acteur de sa propre destruction, dont Cécile n'aurait été que le bras armé.

Cécile Brossard : elle pleure beaucoup mais écrit tout de même un livre, depuis sa cellule de la prison de Champ-Dollon, pour raconter son histoire d'amour avec Edouard Stern. Elle peut espérer toucher le million de dollars que lui a versé son amant même si, depuis sa prison, elle fait savoir que c'est là le cadet de ses soucis. Pourtant, peu après le meurtre, Pierre-Olivier Wellauer, ancien bâtonnier de l'ordre des avocats vaudois, a écrit en son nom une lettre à l'un de ses confrères de la famille Stern pour demander la main levée des sommes placées sous séquestre et suggérer qu'une telle décision éviterait à la famille une mauvaise publicité. La famille Stern a réagi, via son porte-parole, en assurant que « la priorité de la famille n'est pas de récupérer ce million de dollars mais que son sentiment est qu'il serait parfaitement indécent qu'il soit versé à la meurtrière d'Edouard Stern ».

Les avocats : chacun joue sa partition. Pour Cécile Brossard, Pascal Maurer développe la thèse du crime passionnel, tandis que Pierre-Olivier Wellauer affirme que l'argent qui lui a été versé ne peut être repris. Pour la famille Stern, Marc Bonnant décrit un crime fondé sur « une histoire plus concrète et plus vénale » et invoque le code pénal suisse pour affirmer qu'un don est révocable en cas d'infraction grave. Donc en cas de meurtre du donateur.

Les deux avocats pénaux ont néanmoins passé un accord : le black-out sera fait sur les détails des relations sadomasochistes entre les deux amants ; aucun nom de ceux et celles (en particulier une avocate parisienne connue) qui ont partagé leurs jeux érotiques, à Nanteuil, à Paris ou à Genève ne sera révélé.

Les Suisses : ennuyés par la mauvaise publicité faite à Genève par le meurtre du banquier Edouard Stern, ils se consolent en apprenant que celle-ci « pourrait renflouer les caisses du canton de Genève, à cause du montant élevé des droits de succession ». Stern bénéficiait en effet du statut du forfait fiscal accordé aux riches étrangers désirant vivre en Suisse mais n'y travaillant pas, ont très vite expliqué les journaux : ces étrangers paient un impôt faible mais, à leur mort, leurs héritiers doivent acquitter des droits de succession qui, dans le cas de Stern, « pourraient s'élever entre 30 et 78 millions de francs suisses » (soit 20 et 52 millions d'euros).

Table

DU MEME AUTEUR

La République des loups, Calmann-Lévy, 1989, prix du meilleur livre financier ; prix de *La Vie catholique.*

Le Flambeur, la vraie vie de Bernard Tapie, avec Valérie Lecasble, Grasset, 1994.

Forages en eau profonde, les secrets de « l'affaire Elf », avec Valérie Lecasble, Grasset, 1998, prix du livre d'investigation Jacques Derogy.

Blanc comme nègre, entretiens avec Omar Bongo, Grasset, 2001.

L'Ange exterminateur, la vraie vie de Bernard Arnault, Albin Michel, 2003.

L'Arnaque, quand l'Amérique rackette la France, Grasset, 2005.

Composition : Nord Compo
Impression Bussière en juin 2005
Editions Albin Michel
22, rue Huyghens, 75014 Paris
www.albin-michel.fr
ISBN 2-226-15997-5
N° d'édition : 23562 – N° d'impression : 052336/4
Dépôt légal : juin 2005
Imprimé en France.